야너도
대표될
수있어

야너도
대표될
수있어

박석훈 김승범, 주학림, 장보윤, 김성우

행복우물

목 차

PART I. 경기 침체가 기회다
스타트업 창업

PART II. 회사를 설립해보자

법인설립 전문가 따라하기

PART III. 성공의 첫걸음
비즈니스 모델을 탄탄하게

PART IV. 팔려야 산다

마케팅 모르면 대박도 없다

PART V. 돈이 생명이다

승자가 되기 위한 자금조달

PART VI. 기업가 정신

승자가 되기 위한 자금조달

창업을 꿈꾸는 많은 사람들로부터 필연적으로 받는 질문이 있습니다. 성공적인 창업을 위해 어디에서 시작해야 하며 어떠한 단계를 밟아 나가야 하는지에 대한 것입니다. KAIST MBA 각계의 전문가 5인이 쓴 이 책은 바로 예비창업자의 그러한 고민들에 대한 답을 담고 있습니다.

창업을 위해서는 아이디어를 구체화하는 방법, 법인설립 방법, 투자를 받는 방법, 효율적인 마케팅을 하는 방법 등에 대해 양질의 정보들이 필요합니다. 하지만 수많은 정보들 중에 꼭 필요한 정보를 찾기 위해서는 절대적으로 많은 시간을 할애할 수 밖에 없습니다. 이 때 길잡이와도 같은 창업과 관련된 멘토를 알고 있다면 이렇게 검색하는 시간을 훨씬 절약할 수 있을 것입니다. 좋은 멘토는 창업과 관련된 어려운 지식들을 정리하여 이해하기 쉽게 알려줍니다. 그 멘토가 제시해 주는 방법들을 차근차근 밟아가다 보면 어렵게만 느껴졌던 창업이 생각보다 할 만하다는 것을 느끼게 해줍니다. 하지만 모든 예비창업자들이 그러한 멘토를 가지기는 현실적으로 어렵습니다. 이 책은 그런 분들에게 멘토가 되어 실질적인 창업 준비에 대한 훌륭한 가이드가 될 것입니다.

〈야 너도 대표될 수 있어〉라는 제목에서도 느낄 수 있듯이, 어려운 용어를 쉽게 풀어 써서 누구나 쉽게 이해할 수 있도록 정리하였습니다. 저자들의 경력을 계산해보니, 각 분야별 경험한 경력년수를 모두 합쳤을 경우 100년이 훌쩍 넘어간다는 사실을 알게 되었습니다. 이렇게 각자의 전문적인 실제 경험과 기업가 정신을 추구하는 KAIST MBA 프로그램 내용을 융합한 것이 이 책의 차별화된 또 하나의 특징입니다.

창업에서 가장 어려운 점은 내가 무엇을 모르는 지를 모르는 것이라고 합니다. 이 책을 접하는 모든 분들이 모르는 것에 대해 인지함과 동시에 해답도 찾으시기를 바랍니다. 아울러 우리 사회에 절실한 '훌륭한 리더'를 향한 원대한 꿈과 결심을 이 책과 함께 응원합니다.

2020년 가을이 무르익은 홍릉에서
KAIST MBA 책임교수 윤여선

목적이 없으면 계획은 어그러질 수밖에 없다

목적하는 항구의 방향을 모른다면

모든 바람이 역풍일 테니까

_ 세네카

대표가 되기로 결심한 당신에게

대표가 되기로 결심한 당신에게 그림 한편을 소개해 드리고자 합니다. 〈델라웨어강을 건너는 워싱턴〉이라는 그림입니다. 제목 그대로 미국 독립 전쟁에서 혁명군을 이끌며 델라웨어 강을 건너는 워싱턴 장군을 묘사하고 있습니다. 이 작품은 미국 메트로폴리탄 미술관에 전시되고 있으며 높이 3.78M, 너비 6.48M의 웅대한 화폭으로, 해당 미술관에 소장된 그림으로는 가장 커다란 사이즈라고 합니다. 또한 미국 독립을 기념하는 대표적인 그림으로 유명합니다. 1776년 12월 25일 새벽, 워싱턴 장군이 이끄는 독립군이 뉴저지 주의 트렌튼에 주둔한 영국군을 기습 공격하기 위해 델라웨어 강을 건너는 순간을 배경으로 하고 있습니다.

당시 워싱턴 장군은 이때까지만 해도 패전에 패전을 거듭하고 있었으며, 설상가상으로 미국 독립을 지원하겠다는 주변국의 지원 여부도 불투명한 상황이었습니다. 하지만, 본 트렌튼 전투를 기점으로 독립군은 승기를 잡기 시작했고, 결국 미국은 영국으로부터 독립을 쟁취하게 되었습니다. 즉, 미국 독립 전쟁사의 중요한 전환점이 되는 순간이 바로 트렌튼 전투라고 볼 수 있습니다.

델라웨어강을 건너는 워싱턴 Washingtons Crossing the Delaware

새벽녘 먹구름 사이로 동이 트기 시작합니다. 한겨울의 살이 떨어져 나갈 것 같은 추위, 성난 듯 굽이치는 파도, 곳곳에 퍼져있는 날카로운 얼음 파편들이 녹녹치 않은 작전임을 나타내고 있습니다. 상대적으로 위태로워 보이는 작은 배에는 절박한 표정의 군인들이 강물을 가르는 데 집중하고 있습니다. 제대로 된 군복도 없고 전문적인 훈련을 받아 본 적이 없었을 것 같은 군인들은, 꾀죄죄한 농부, 해방 노예, 며칠을 굶은 것 같은 이민자 들로 이루어져 있습니다. 이들은 힘을 모아 배를 앞으로 보내기 위해 안간힘을 쓰고 있습니다.

워싱턴은 흔들리는 배 위에서 비장한 표정으로 전면을 주시하고 있습니다. 한 치 앞을 내다 볼 수 없는 불안감, 더 이상 물러날 곳이 없는 위기 상황, 의사 결정의 결과가 자칫하면 모두를 사지로 몰 수도 있다는 공포를 뒤로하고, 담담하고 결연한 표정으로 부하들을 이끌고 있습니다.

평일날 메트로폴리탄 미술관에 가면, 말끔한 정장을 차려입은 중년들이 이 그림 앞에 서서 한참동안 감상하는 모습을 자주 볼 수 있습니다. 풍기는 분위기로 봐서는 회사의 중요한 역할을 하는 대표나 임원으로 추정되는 분들입니다. 이분들은 왜 평일에 이곳에 와서 그림을 감상하고 있을까요? 단순히 시간이 남아돌거나, 그림을 좋아해서는 아닐 겁니다. 이분들이 살아가고 있는 곳은 전쟁터입니다. 리더라는 이유만으로 피를 말리는 의사결정 시점과 고통스러운 책임, 온갖 모욕적인 상황을 견뎌야 할 경우가 많습니다. 이러한 과정에서 심지어 극도로 외롭기까지 합니다. 리더인들 사람이 아니겠습니까. 도망가고 싶고, 포기하고 싶고, 회의가 들기도 하고 책임을 떠넘기고 싶어 할 것입니다. 워싱턴이 델라웨어 강을 건너면서 느꼈을 심적인 동요 ― 제대로 훈련받지 않은 뜨내기들을 데리고 강을 건너면서, 반복적인 패전으로 인해 불안과 공포가 온몸을 휘감는 ― 를 현재 그들 각자의 상황에 맞추어 느껴보고 싶어 했을 것입니다.

즉, 리더들이 하염없이 오랜 시간 이 그림을 바라보는 이유는 아마도 용기를 잃을까봐 두려운 자신의 모습을 다시 이 그림 앞에서 다잡기 위해서였으리라 생각합니다.

리더에게 필요한 것은 굳건한 용기와 포기하지 않고 다시 한번 마음을 다잡는 자세입니다. 대표가 되기로 결심한 여러분은 전쟁터에 서있습니다. 우리는 기술의 전쟁, 제품과 서비스의 전쟁 상황에서, 누가 고객을 먼저 차지하고 우호적인 관계를 구축하는지, 이를 통해 어떻게 안정적인 매출 구조를 만들고, 핵심 역량을 강화하는지 끊임없이 고민해야 합니다. 내가 만들어가는 비즈니스가 경쟁력을 가지기 위해서는 상황에 따른 적합한 파트너십을 구축해야 하며, 자원의 효율적인 분배와 효과적인 비용 집행을 따져봐야 합니다. 때로는 잘못된 의사 결정을 내릴 수도 있고, 외부 환경의 변화와 경쟁사 전략에 대한 오판으로 회사 전체가 헤어 나올 수 없는 위기에 빠질 수도 있습니다. 이러한 끊임없이 반복되는 전쟁 속에서 정말이지 가장 중요한 것은 리더들의 자세입니다.

'담대하면서 명확한 비전을 가지는 것'

온갖 악조건 하에서도 담담하고 결연하게 델라웨어 강을 건너는 워싱턴처럼 말입니다. 역경 속에서 다시 일어나는 투지, 대의에 대한 확고한 믿음, 그리고 이를 위한 영웅적 헌신을 갖춘 리더로 성장하시기를 기원합니다.

용기를 잃을까봐 두려운 우리 모습을 다시

★

경기침체가 기회다

스타트업 창업

PART. I

★

경기침체시 스타트 업을 해야 하는 이유

"투자가 멈추면 남들에겐 위기, 내겐 기회!" 그렇습니다. 우선, 이 의미심장한 말을 가슴속에 새겨두세요. 2020년은 코로나 팬데믹으로 인해 글로벌 투자심리가 크게 위축[1]되었습니다. 돈을 잃지 말라고 평생을 강조했던 워렌 버핏마저 2020년 1분기에 497억달러 (약 60조 원)의 손실을 보았습니다. 투자의 귀재도 피해가지 못한 어려운 시절이 왜 기회일까요? 이렇게 세계경기가 불안하면 글로벌 자금은 이머징마켓[2]의 자금을 제일 먼저 회수합니다. 글로벌 자

---

[1] *2020.2.24~3.26까지 외국인은 단 하루를 제외하고 총 15조1422억을 매도했습니다. (KOSPI기준)
[2] 한국은 MSCI선진국 기준에서는 이머징 마켓으로 분류합니다. 그래서 최근 외국인은 코로나가 심각해지던 1개월사이 15조원의 주식을 급하게 매도했습니다.

금줄부터 마르니, 국내 자금줄도 마르기 시작했습니다. 기업들은 투자에 대한 약속을 했더라도, 현재 상황이 이렇다 보니 취소되거나 연기되고 있습니다. 자금이 넉넉한 기업이면 이 위기를 버틸 수 있지만, 호황에 시작하여 이제 꽃 피우려는 스타트업에겐 절망의 시간입니다.

이럴 때 좋은 기술이나 좋은 스타트업을 저렴하게 인수하는 문제를 고려해볼 수 있으며, 지분참여 형식도 가능 할 수 있습니다. 특히, 급여가 밀린 스타트 업이라면, IP(지적재산권)이나 기술을 불과 몇 달전보다 더 저렴하게 인수 가능합니다. 급여가 밀리면 직원들은 고용노동부에 대표를 고발할 수 있고, 이로 인해 대표는 벌금 또는 징역형에 처해지게 되면서, 이를 해결하기 위해 헐값 매각이 줄을 잇고 있습니다. 또한 불황에는 자연적으로 폐업 또는 휴업이 되면서 경쟁이 줄어듭니다. 여기서 살아남았을 때 진정한 승자로서 자연스럽게 가치를 인정받게 됩니다. 강해서 살아남는 것이 아니라 살아남아서 강하다는 진리를 증거로 보기 때문입니다.

부와 명예와 지혜를 모두 가졌던 이스라엘의 솔로몬 왕은 큰 승리를 거두어도 자만하지 않았고 절망에 빠졌을 때에도 용기를 낼 수 있는 글귀를 반지에 적었습니다. "이 또한 지나가리라 – This too shall pass away" 3천 년이 지난 지금도 우리는 말합니다. 매서

야 너도 대표될 수 있어

운 겨울이지만 곧 꽃이 피는 봄이 온다고! 1997년 IMF나 2008년 금융위기때도 최악의 위기라며 세상이 망할 것 같이 떠들었지만, 결국 위기를 견디고 지나왔습니다. 모두가 박수 칠 때는 떠나야 지혜롭지만 모두가 최악이라 말할 때 시작한다면 잃는 확률보다 얻을 확률이 더 높습니다.

다우존스지수 차트

KOSPI지수 차트

"위기는 지나고 보면 기회구나"하며 아쉬워하는 것은 생각만 하던 자의 후회일 뿐입니다. 생각에서 벗어나 행동한 자만이 위기로 감춰진 돌덩이를 정성스레 닦아 기회의 금덩이를 갖게 됩니다.

사업에 성공하기 위해 가장 중요한 요소가 무엇일까요? 물론 기술력, 자금력 등 많은 요소들이 있겠지만, 스타트업 입장에서 역시 가장 중요한 것은 '인재'가 아닐까요? 천연자원 하나 없던 경제성장기의 우리나라처럼 '능력 있는 인재'는 기업의 핵심 역량입니다. 그러나 능력있는 인재는 몸값이 비싸기 때문에 스타트업 입장에서는 상당한 부담으로 작용합니다. 내 몫은 커녕 직원의 급여를 맞추기도 어렵기 때문에 시작부터 실패하는 경우가 대부분입니다. 그러나 최근 코로나 사태 이후 실업급여 수령액[3]이 사상 최고치를 넘어서며 실업 대란이 현실화되었습니다. 기업들의 구조조정 발표가 이어지고 무급휴직도 증가하고 있습니다. 안정적이라 믿었던 대기업 직원들의 신념도 흔들리고 있습니다. 경제 뉴스만 보아서는 부정적인 생각이 들지만, 스타트업을 운영하고자 하는 입장에는 오히려 이런 상황은 기회로 작용할 수 있습니다. 즉, 경기가 어렵다고 느껴질 때 오히려 훌륭한 인재들을 영입하기에 유리한 시

3 2020년 4월 14일 기준 3월 지급액 9천억원(역대 최대치). 실업급여란 일정기간 이상 고용보험에 가입한 사람이 받는 구직급여라서 자영업자나 특수고용직 종사자, 프리랜서는 제외됩니다.

야 너도 대표될 수 있어

기인 것입니다.

다시 강조하지만 경기침체는 이제 시작하는 스타트업을 꿈꾸는 당신에게 절호의 기회입니다. 1973년 중동전쟁 발발이후 세계경제를 바꾼 1차 오일쇼크가 일어났습니다. 그 해 9월 석유가격은 배럴당 $3에서 불과 4개월만에 $12까지 급등했습니다. 무려 4배가 상승했습니다. 석유가격 급등으로 인해 미국은 불황과 높은 물가상승과 실업률을 경험했습니다. 그리고 증시는 붕괴되었습니다. 그런 최악의 시절에 빌 게이츠는 폴 앨런과 함께 마이크로소프트를 창업했습니다.

2008년은 전세계로 파급된 글로벌 금융위기를 겪었습니다. 그해 2월 브레이언 체스키와 조 게비아와 네이션 브레차르지크는 에어비앤비Airbnb를 설립하였고, 개릿 캠프와 트래비스 캘러닉은 우버Uber 서비스를 출시 했습니다. 와츠앱WhatsApp 메신저도 2009년에 시작되었습니다.

우리나라에서는 카카오 내비게이션의 전신인 '김기사컴퍼니'가 설립되었고, 김범수 카카오이사회 의장 역시 금융위기가 진행되던 2009년에 시작하였습니다. 팬데믹 상황은 세계최초이며 유치원생들도 위기상황이라는 것을 아는 세상입니다. 그만큼 유례없는 기회가 당신에게 찾아왔습니다. 지금 12년만의 기회가 또다시 당신에게 찾아온 것입니다.

　쿠팡은 2019년말 기준으로 누적적자가 3조 원이 넘었습니다. 벤처 투자 신화로 유명한 손정의 회장의 소프트뱅크 비전펀드로부터 투자 받은 20억달러(한화 약 2.2조)가 아니었다면 자본잠식 상태로 역사속에 사라졌을 것입니다.

　경제위기는 사회에 퍼져있던 부를 재편성합니다. 추락하는 부자들이 있는 반면 경제위기를 기회로 삼아 부자의 반열에 오르는 사람들이 있습니다. 경제위기를 부정적으로만 바라보며 수동적으로 방어할 것인가, 아니면 긍정적이고 공격적인 자세로 상황을 지배할 것인가는 당신의 선택에 달렸습니다.

혁신^{Innovation}을 꿈꾸는 당신에게

어릴 적 우리에게 희망을 주던 인물이 있었습니다. 엉뚱하게도 알을 품어 부화를 시도해보고. 기차에서 신문팔이를 하고, 학교에서는 적응하지 못했으나 끝내 전기를 발명해 위인의 반열에 오른 토머스 에디슨(1847~1931)입니다.

과거에는 전기를 발명한 에디슨만이 주목받았습니다. 그러나 지금은 테슬라(1865~1943)가 재조명 받고 있습니다. 전기를 발명한 것은 에디슨이었지만, 에디슨의 직류시스템은 전력손실이 많았습니다. 상업화 전기로서는 많이 부족했던 것입니다. 테슬라는 교류시스템을 발명했고, 교류시스템이 상업화하기에 훨씬 좋은 조건을 가지고 있었습니다. 그래서 다른 도시까지 송전이 가능하고 코스트 다운을 통해 미국시장을 장악할 수 있었습니다. 그러나 에디슨은 테슬라의 교류 시스템을 인정하지 않았고, 오로지 본인이 발명한 직류시스템만을 고집했습니다. 테슬라는 에디슨 곁을 떠났고 다른 회사에서 교류시스템을 더욱 발전시켰습니다. 그리고 세계 최초의 수력발전 프로젝트인 나이아가라 폭포 수력발전 입찰을 따내며 에디슨과의 경쟁에서 승리하였습니다.

사업과 발명은 분명 다르기 때문에 우리는 토머스 에디슨을 사업가라고 하지 않고 발명가라고 부릅니다. 사업을 하는데 있어서도 발명^{Invention}과 혁신^{Innovation}을 구분해서 생각해야 합니다. 이 둘은 얼핏 비슷한 단어로 보이지만 차이는 극명합니다. 김보원 교수는 혁신이 새로운 조합$^{New\ Combination}$이라면 발명은 새로운 발견$^{New\ Discovery}$이자 창조^{Creation}라고 말합니다.[4]

발명가로 명성을 쌓은 사람이 사업으로 성공하지 못한 경우를 살펴보면 발명 자체에만 집중했기 때문인 경우가 많습니다. 누구를 위해서(WHO), 어떤 제품 또는 서비스를(WHAT), 어떻게 제공할 것인가(HOW)에 대한 고민이 부족했던 것입니다. 내가 좋아서 만든 나의 지식의 산출물이 제품이 된다면, 그건 내 만족에 불과할 뿐입니다. 특히 스타트업은 한정된 자금과 한정된 시간이 핵심인

4　김보원 교수, KAIST 경영대학원 강의록에서

데, 발명가 정신의 제품만 만들어낸다면 기업은 순식간에 소멸할 것입니다.

소비자가 원하는 혁신^{Innovation}은 소비자의 아픈 지점^{Pain Point}을 찾아내어 해결해주는 것입니다. [5]

마케팅의 핵심은 누구에게(WHO), 무엇을(WHAT), 어떻게 (HOW) 제공하는가이지만, 기업마다 제품의 출발점이 각각 다를 수 있습니다. 기술을 먼저 개발한 기업은 WHAT으로부터 시작합니다. 쉬운 것 같지만 제일 어려운 것이 문제파악과 명확한 필요에 대한 파악입니다. 테슬라의 전기차도 기술 개발하여 WHAT으로 시작했지만, 누구에게 팔 것인지에 대한 WHO의 정의를 새롭게 했습니다.

SNS 마케팅 기업으로 유명한 블랭크 코퍼레이션의 경우 어떻게 팔 것인지 HOW를 정한 후 WHAT과 WHO를 정의했습니다. 블랭크 코퍼레이션의 톡톡 튀는 마케팅 사례는 상당히 유명합니다. 포크레인으로 베게를 누르고 생달걀을 넣고 밟아도 안 깨지는 모습을 대중들에게 보여주며 SNS에서 큰 이슈를 만들며 〈마약베개〉

5   윤여선 교수, KAIST 경영대학원 강의록에서

라는 아이템으로 140만개의 판매고를 올렸습니다. 그들은 HOW로 기업을 시작했지만, WHO를 세분화하여 계속 제품을 만들었습니다. 그들은 고객들에게 생기는 페인포인트[Pain Point 6]를 찾아내고 카테고리화 하여 브랜딩을 해 나갔습니다.

구분	사례	판매량
세탁조 크리너	그동안 소비자들에게 세탁기 통인 세탁조의 위생은 간과되었지만, 블랭크는 대중들의 세탁조에 대한 위생에 대한 관심와 심각성을 환기시키는데 성공했다. 우선 때가 낀 세탁조를 보여주고 제품 사용 후 깨끗해진 모습을 비교했다. 배출된 이물질도 동영상으로 공개했다.	약 600만 개
마약베개	머리 무게를 분산해 목의 편안함을 유지한다는 컨셉으로 제품을 제작하였다. 마이크로 에어볼 800만 개를 이용해서 배게에 닿는 머리의 무게를 분산시켰다. 소비자들에게는 달걀을 베개 사이에 넣고 발로 밟는 모습을 보여주었다. 충격에도 달걀이 깨지지 않는 동영상은 큰 이슈를 만들었다	약 140만 개

위의 사례에서 알 수 있듯 블랭크 코퍼레이션은 적극적은 고객의 페인포인트를 찾아냈을 뿐만 아니라, '실험 콘텐트'를 활용한

---

6 페인포인트(Pain Point)는 소비자가 느끼는 불편한 점, 불만 사항 등을 뜻하는데, 우리말로 번역하기 보다는 페인포인트라는 용어를 그대로 사용하기로 한다.

Aikaa

MARK

Aloitti

Dr.wonder

딜로마켓.

모도리
modori

친친상회

COMMON DAY

arrr
어르르

kinkou

elbategev

FLEXIN

ANORMAL.

공백0100

UNCOATED—
247®

BLACK
MONSTER

BODYLUV

블랭크 코퍼레이션의 브랜드들

소비자의 페인포인트를 해결한 또 다른 사례를 살펴보겠습니다. 한 때 안마의자가 유행인 시기가 있었습니다. 안마의자의 주요 고객들의 연령은 40~50대 이상이었습니다. 20~30대들도 커플마사지샵을 이용하는 등 마사지 자체는 좋아했지만, 안마의자를 구매를 꺼리는 이유는 가격부담 때문이었습니다. 이것을 파악한 에코마케팅은 '클럭'이라는 미니 마사지기를 판매했습니다. 클럭은 저주파를 이용하여 근육의 자극을 주는 방식을 채택했는데 사이즈가 작아 휴대가 간편했습니다. 부모님을 위해서도 선물하기 좋은 사이즈로 만들었습니다. 20~30대들의 페인포인트를 해결해주자 클럭 마사지기는 출시 1년만에 300만 대가 넘게 팔렸습니다.

유명한 사례를 하나 더 살펴보겠습니다. 직장인들에게 가장 귀찮은 업무 중 하나가 명함관리입니다. 이러한 직장인들의 페인포인트를 해결해준 것이 '리멤버' 앱입니다. 드라마앤컴퍼니의 리멤버 앱은 2019년에 300만 명의 직장인 데이터베이스를 확보하였고, 2017년에는 네이버의 자회사로 편입되면서 한국의 링크드인을 꿈꾸고 있습니다. 드라마앤컴퍼니의 최재호 대표는 사업을 시작할 때에 명함정보를 수기로 입력하는 방식을 채택했습니다. 비서가 대신 명함을 입력해주는 편리함에서 아이디어를 얻었습니다.

시야를 조금 넓혀 본다면 고객이 원하는 것은 제품이 아닌 솔루션인 경우가 많습니다. 고객의 페인포인트를 해결하는 페인킬러 Pain Killer를 만드는 것, 이것이 진정한 혁신입니다.

'혁신'으로 착각한 '발명'의 운명

"혁신Innovation으로 착각한 발명Invention은 결국 재고Inventory가 됩니다"

혁신으로 착각한 발명품이 제품화가 되었을 때 마냥 시간을 두고 팔 수 있는 것이 아닙니다. 제품은 출시되는 순간부터 시간가치를 갉아먹게 됩니다. 가만히 있어도 손실이 나기 시작합니다. 예를 들어 유통기한이 3년인 제품이 지금 막 공장에서 출고되었다고 합시다. 이 제품의 판매는 언제까지 하면 될까요? 일반적으로는 유통기한이 끝날때까지 판매를 하면 된다고 생각할 수 있습니다만, 실제 상황은 그렇지 못합니다. 만약 수출을 하는 제품이라면, 제품 출시에서 수출하고자 하는 나라의 허가를 받기까지 최소 3개월에서 1

야 너도 대표될 수 있어

년이 소요됩니다. 중국은 그 이상의 시간이 소요되기도 합니다. 제품을 해외의 유통업자가 받아서, 다시 각 유통업체로 보내는 시간도 필요합니다. 이렇게 되면 유통기한이 최소 2년은 되어야합니다. 이렇듯 수출국의 승인을 받아야 할 때 늦어지는 경우 제품은 재고로 이어질 수밖에 있습니다.

그렇다면 소량만 생산해서 허가를 받고 생산해서 수출이나 유통을 하면 되는 것이 아닐까 하는 생각도 해볼 수 있습니다. 그러나 제품을 생산할 때는 최소발주수량(MOQ[7])이라는 것이 있습니다. 제품마다 다릅니다만 최소발주수량을 맞추고 제품의 수정이 필요할 때마다 또 최소발주수량 단위의 생산을 해야합니다. 소량 생산을 해서는 허가나 유통 계약체결이 어려운 경우가 많습니다. 그러다보니 신제품 생산 이후 허가, 계약체결, 유통, 제품 출고까지 일사천리로 일이 진행되지 않는다면 생산된 제품들은 재고로 변하게 됩니다. 세상만사가 다 그렇듯, 한 번에 모두 이루어지면 좋겠지만 아무리 계획을 완벽하게 할지라도 많은 변수들이 나타나고 시간을 잡아먹습니다. 아무리 완벽한 일정을 준비했더라도 재고로 쌓여가는 순간들을 피해가기는 힘듭니다.

제품의 유통기한은 마치 땡처리 여행사의 상품과 같습니다. 여

7 MOQ (Minimum Order Quantity): 최소발주 수량

행사에서 항공권, 숙박권을 대량으로 구매하는 대신 저렴하게 선계약을 합니다. 그리고서는 여행자 모집을 하면서 고가의 요금을 받습니다. 그러나 날짜가 임박할수록 여행상품의 가치는 계속 하락합니다. 지정된 날짜가 기나면, 여행사에서 미리 대량구매해 둔 항공권과 숙박권은 다 날리게 되기 때문입니다. 제품의 가치도 기업이 구매하는 순간 또는 생산해서 출고한 순간부터 계속 하락합니다. A제품의 소비자가격을 1만 원, 도매가를 4천 원이라고 책정하고, 원가를 2천 원, 유통기한은 3년이라고 가정해 봅시다.

[OEM	--->	브랜드기업]	제품 원가	2천 원
[브랜드기업	--->	유통]	제품 도매가	4천 원
[유통	--->	소비자]	소비자 가격	1만 원

처음 1년 간은 도소매를 하는 유통업자가 4천 원에 사가서 1만 원 가격으로 판매합니다. 하지만 실제는 마케팅용으로 지급이 되면서 실거래는 브랜드기업은 유통기업에게 3천원 수준의 실거래가로 제품을 넘기게 됩니다. 1년 동안 각종 허가를 취득합니다. 물론 허가를 취득하는 데도 비용이 듭니다. 이렇게 시간이 지나고 유통기한은 2년 미만이 남았습니다. 유통업자Distributor는 유통기한의 부

족으로 단가인하를 요구합니다. 또한 신제품의 라인업도 동시에 요구합니다. 이러다가 유통기한 1년 미만이 남게되면 국내 유통업체들은 유통기한 부족으로 반품이 오게 됩니다. 해외 수출도 1년 미만의 제품은 안 받으려 합니다. 결국 팔지 못한 제품은 땡처리를 고민하게 됩니다. 그러나 여기서 함부로 땡처리를 할 수도 없습니다. 그 동안에 마케팅에 들인 비용과 어렵게 구축한 브랜드의 밸류를 훼손시킬 수 있기 때문입니다. 기업의 대표는 고민하게 됩니다.

그러나 여기서 회사의 대표는 주저하면 안됩니다. 재고가 발생했을 때는 미련없이 털어줘야 합니다. 재고를 없애면서 왜 재고가 발생했는 지의 근본 원인을 알아내는 기회로 삼아야 합니다. 그렇지 않으면 발명Invention 은 먼지 낀 재고Inventory가 되어 버립니다.

재고로 끝나는 것이 아닙니다. 재고를 보관하기 위해 유통기한인 3년 간의 창고비와 관리비가 들어갔고, 이건 다시 폐기물이 되어 폐기비용을 지불해야 합니다. 일반 폐기물의 경우 1톤당 50만 원 수준으로 폐기물 차량 1대에 실어내보낼 때 최소 300만 원 이상의 비용이 소요됩니다. 버리는 것도 돈주고 버려야한다는 것을 명심해야 합니다. 재고는 회계처리 상에서 자산으로는 잡히지만 가치가 없습니다. 또한 유통기한이 지난 재고는 가치를 0으로 인식합니다. 재고가 너무 많이 쌓여 있으면 재고문제 해결에 대한 의지도

약해집니다.

대량의 재고로 고민을 하고 있습니다면, 너무 많은 생각보다는 무조건 재고를 축소하세요. 재고가 그대로일 때는 왜 이렇게 되었는지에 대한 당장의 증상만을 보게 될 뿐, 근본적인 원인을 알기 어렵습니다. 그러나 재고를 줄이면 재고가 남게 된 근본적 원인을 찾을 수 있고 문제를 해결할 수 있습니다. 또한 내 기업과 주변을 살펴보게 되면서 다른 살 길이 열립니다.

고객이 원하는 수요^{Demand}보다 내가 생산한 공급^{Supply}이 많다면, 재고과잉으로 창고비와 폐기물 비용, 제품의 노후화로 인한 가격손실, 다른 제품을 생산할 수 있는 기회비용 등을 잃게 된다는 것을 염두에 두고 처음부터 적정수준의 생산과 재고를 고민해야 합니다.

재고가 적으면 신제품을 빨리 출시할 수 있어서 혁신속도^{Innovation Speed}가 증가됩니다. 그러나 재고가 아예 없는 것도 좋은일 만은 아닙니다. 제품이 히트를 치고 있는데 재고가 부족하고 후속 제품을 만드는데 2개월이 걸린다면, 2개월 동안 경쟁사는 더 좋은 제품을 내놓을 수 있습니다. 그렇게되면 나의 제품은 이미 소비자에게 잊혀지게 됩니다.

★

'필요 없는 것'을 만드는 스타트업?

내가 하고 싶은 것이 제품의 판매라면, 비슷한 물건을 수입하거나 구해서 팔아 보기를 권합니다. 제품이란 이미 생산되어 출고되는 순간 비용과 재고가 발생한다고 볼 수 있습니다. 그렇기때문에 내가 만들고자하는 제품과 유사한 제품이 시장에 있다면, 그 제품을 단 몇 개라도 사용해보고 판매를 해봐야 시장의 감각과 더불어 소비자가 실제로 무엇을 간절히 원하는지 알 수 있습니다.

특히 물건을 구해서 팔 때에는 단순히 파는 것에 목적을 두지 말고, 리뷰에 집중해야 합니다. 리뷰를 달면 혜택을 부여하는 등의 방법들을 활용해서 소비자가 진정으로 무엇을 원하는 지를 찾아내야 합니다. 이것이 조금은 돌아가는 길 같아 보여도, 이렇게 해야 향후 내가 만들어야할 제품에 대한 수만번의 시행착오를 줄여 줄 수 있습니다. 아이템을 제품화하기까지는 여러번의 시행착오와 함께 큰 비용이 들어갑니다. 예를 들어 용기 하나를 변경하고 수정하려면 그때마다 금형 수정을 합니다. 수정으로 해결이 안되는 경우에는 금형을 버려야 하는 경우도 발생합니다. 수정 및 폐기할 때마다 비용이 발생하며 금형의 가격은 최소 수백에서 수천만원에 달합니다.

이런 과정 등을 통해 제품의 기획이 준비되었다면, 와디즈 같은 크라우드펀딩을 활용해서 재고없는 제품을 시작해보며, 계속 수정해 나갈 수 있습니다. 아이디어스 플랫폼을 통해 수제 시제품을 팔아보는 것도 방법입니다.

물류는 외부물류(3PL[8])을 이용하면, 비용측면에서도 많은 절약을 할 수 있습니다. 일반 창고를 운영하려면 창고임대료, 관리비, 물류 관리 직원 인건비, 지게차 등이 월 단위로 지급하게 됩니다. 그러나 외부물류는 제품을 입고시키면 택배까지 함께 서비스해줍니다.

안타깝게도 필요없는 것을 만드는 스타트업이 많습니다. 필요

8　*3PL(Third Party Logistics): 제3자 물류. 물류부문의 전부 또는 일부를 위탁하는 것. 물류의 입고, 보관, 출고, 택배, 수출까지 대행해준다.

없다는 것은 두 가지 의미입니다. 첫 번째는 투자자로서 가치 없는 것이고 두 번째는 수요는 있으나, 너무도 수요가 소수여서 시장성이 없는 것입니다. 여기서 내 제품이 필요있는 제품이나 서비스가 되려면 '누가'와 '돈을 지불할 만큼의 가치가 있는가'를 생각해야 합니다.

제품 개발을 하기 전, 잠깐!

제품을 제조한다는 것은 간단한 문제가 아닙니다. 당신이 스타트업의 대표로서 제품을 만들고 싶다면 반드시 제품 제조와 관련된 모든 과정을 이해해야 합니다.

제품을 제작하는 첫 단계로서 기획을 하고 제품의 디자인을 진행합니다. 기계는 설계가 필요하고 원재료가 필요하다면 원재료 공급업체 등을 직접 만나가면서 관련된 지식을 쌓아야 합니다. 그리고 여러가지 단계를 거쳐서 시제품을 개발합니다. 금형 사출이 필요할 때는 3D 컴퓨터로 미리 시제품을 만들어서 느낌과 반응을 보고 금형을 진행하는 것이 좋습니다. 단 한 번에 금형이 마무리가 될 수 없는 경우가 많은데, 여러 번의 테스트를 거치고 수정할 때마다 수정 비용을 지불해야 합니다. 만약 3D로 미리 시제품을 만들어 본다면 비용을 절약할 수 있습니다. 최근에는 3D 프린터 출력 대행 업체들이 많습니다. 쉽게 검색해서 정보를 확보한 후 이용하면 많은 도움이 됩니다.

비용절감을 위해서 아웃소싱을 해주는 OEM[9]과 ODM[10] 업체들을 이용할 수도 있습니다. 그러나 처음부터 모든 것을 아웃소싱 제조업체에 의뢰하고 전적으로 믿어서는 안됩니다. 이들에게는 분명 축적된 경험이 있을 것입니다. 하지만 그들 입장에서는 제품이 출고되고 입금이 확인되면 역할이 끝납니다. 그 이후에 나타나는 모든 문제는 당신의 회사가 감수해야 합니다.

그러므로 업체를 선정하기 전에 다수의 회사와 상담을 진행하고 크로스체크를 하고 충분한 미팅과 숙고의 시간을 가져야 합니다. 또한 핵심기술이 있는 경우 비밀유지계약서를 작성하고 핵심기술을 먼저 개발한 후 부수적인 것들은 시제품을 통해서 수정해야 합니다. 제품 제작과정의 단계가 많다면, 그만큼 제조단가와 비용은 높습니다. 각 부품과 제품 생성과정 단계마다 어떤 제조과정

---

9 OEM(Original Equipment Manufacturer): 생산자(공장)가 주문자(브랜드사)로부터 설계/기획서 등을 받아 제품을 위탁 생산하는 것

10 ODM(Original Design Manufacturer): 생산자(공장)가 주문자(브랜드사)로부터 제품의 위탁생산을 의뢰받아 자체개발 후 생산하는 것

과 방식을 채택할 것인지, 기본 생산수량과 리드타임[11]을 체크해야

합니다. 아무리 좋은 제품을 기획해도 모두 생산으로 이어질 수 있

는 것은 아닙니다.

11 물품의 발주로부터 그 물품이 납입되어 사용할 수 있을 때까지의 기간. 목표로 하
는 조달 기간과 과정상 발생하는 차질 기간을 고려하여 약간 여유 있게 날짜를 잡아 조
정이 가능하도록 한다.

야 너도 대표될 수 있어

시제품의 중요성

미국 실리콘밸리의 스탠포드대 다지인스쿨은 디자인 씽킹^{Design} ^{Thinking}으로 유명합니다. 출발은 역시 WHO입니다. 즉, 소비자의 상황과 제품과 서비스로부터 오는 유무형의 불편에 대한 '공감'이 문제해결의 바탕을 이룹니다. 우선 소비자의 라이프 스타일을 파악하고, 소비자가 직면한 문제의 근본적인 원인은 무엇이고, 기존 제품들이 실패한 이유를 고민합니다. 그리고 문제를 정의하고 아이디어들을 모은 뒤 시제품을 만들어 테스트를 진행합니다.

[Design Thinking Process]

Empathize - Define - Ideate - Prototype - Test - Assess

여기서 우리가 주목해 보아야 할 포인트는 시제품^{Prototype}입니다. 개발팀을 구성하기전에 앞서 구글폼 서베이, 타입폼[12] 등을 통해 충분한 서베이 데이터를 얻어야 합니다. 그리고 시제품 개발 부터 진행해봅니다.

처음부터 제품(앱)개발에 착수하지 않고 시제품을 실무에 활용해서 성공한 사례를 살펴봅시다. A사는 지역의 레스토랑 예약시스템 플랫폼앱을 개발해서 운영하고자 했습니다. 그러나 처음부터 앱을 완전히 개발하지 않고 고객에게 보여지는 가장 간단한 기능들을 넣은 시제품 앱을 개발해서 운영했습니다. 고객에는 식당 예약 앱이 자동으로 운영되는 것처럼 보였지만, 실제로는 직원들이 앱의 알람만을 확인해서 수작업으로 운영을 하고 있었습니다. 고객이 앱에서 예약을 하면 알람이 표시되고, 이를 본 담당 직원은 식당에 전화를 걸어 예약 대행을 하여 주었습니다. 그리고 예약이 완료되면 고객에게 예약 완료 메세지를 보냈습니다. 고객은 앱의 자동 예약 시스템에서 예약 메세지가 왔다고 생각했지만, 회사 내부적으로는 모든 프로세스가 사람손을 거쳐서 진행되었습니다. 그래도 고객 입장에서는 제때에 예약 메시지가 도착했기에 문제될 것

---

12 Type Form(www.typeform.com)은 구글폼과 비슷한 설문조사 서비스이다. 기본적으로 제공되는 서베이 기능과 함께 높은 확장성을 갖고 있다. 스페인 바르셀로나에서 시작되었으며 2018년 포브스에도 소개된 바 있다.

이 없었습니다.

　이런 귀찮아 보이는 과정을 통해 기업에서는 미리 개발한 후에 생길 수 있는 것들은 방지하고, 앱의 기능을 추가하면서 최적화하기 위함이었습니다. 만약 출시 전부터 개발 구축을 했다면 이 서비스가 성공할 지 말지도 모르는 상황에서 개발비용, 개발인력, 서버 비용, 유지보수 비용 등을 지급해야 합니다. 또한 서비스를 진행하다 보면 고객의 요구 사항은 계속 바뀔 것이고, 처음 기획했던 의도와도 다르게 갈 수 있습니다. 이럴 때마다 변경 비용을 들인다면 회사의 자본은 이미 바닥날 것입니다. 그러나 이렇게 내부적으로는 이렇게 시제품으로, 고객이 보기엔 진짜 서비스처럼 느끼게 하고, 반복 학습하게 되면 실제 시스템을 구축할 때는 초기비용보다 훨씬 더 적은 비용으로 서비스를 진행했습니다. 실제로 A사는 반년의 테스트를 거쳐 성공적인 앱을 출시할 수 있었습니다.

　명함 앱으로 유명한 〈리멤버〉의 경우도 앱의 모든 기능들을 자동화할 수 있었습니다. 하지만 회사의 대표는 서비스를 오픈하면서 앱의 완전한 자동화 대신 수작업을 통해 입력하는 방식을 선택했습니다. 이를 통해 초창기의 불완전한 자동입력 시스템을 고객들에게 선보이기보다는 더 정확한 수기 입력을 채택해서 입력오류를 줄이고 사용자들에게는 입력오류에 대한 불신을 줄여줄 수 있었습니다.

야놀자에 매각된 〈데일리 호텔〉 앱의 신재식 대표의 경우도 마찬가지입니다. 창업 초장기 수년 동안 콜센터 업무를 직접해보면서 서비스의 문제점을 꼼꼼히 챙긴 후 사업에 반영하였습니다. 스타트업의 화려한 성공 뒤에는 제품개발 초기, 시제품을 개발하는 것 부터 대표들의 이러한 치밀하고 꼼꼼한 노력들이 있었다는 사실을 기억해 봅시다.

★

스타트업 멀리건

골프용어에 멀리건^{Mulligan}이라는 용어가 있습니다. 처음 공을 잘못 쳤을 때 벌타 없이 다시 칠 수 있는 기회를 주는 것을 말합니다. 정식 골프 규칙에는 없는 편법인데, 멀리건이라는 사람이 실력차가 나는 골퍼들과 경기를 치를 때 다시 칠 수 있는 기회를 달라고 하면서 만들어진 용어입니다.

골프에서 멀리건을 지혜롭게 사용하는 방법이 있습니다. 첫 드라이버 샷이 실패했다고 바로 멀리건을 사용하여 바로 공을 치면 실패할 확률이 대단히 높습니다. 이럴 때 실패를 줄이기 위해서 동행한 일행 1~2명이 칠 때까지 기다립니다. 그리고 다시 티잉 그라운드^{teeing ground}에 올라 호흡을 가다듬고 공을 칩니다. 그러면 연속

샷을 날렸을 때보다 성공확률이 높습니다.

스타트 업으로 한 번에 성공하는 사람은 드뭅니다. 영국의 스티브 잡스로 불리는 제임스 다이슨 역시 여러차례 실패한 사람입니다. 〈계속해서 실패하라, 그것이 성공에 이르는 길이다〉라는 책을 출간하기도 한 그는 진공청소기와 헤어 드라이기, 날개 없는 선풍기로 유명한 산업 디자이너입니다. 영국의 세면대 중 상당수가 다이슨 제품인데, 손을 갖다 대면 적정한 온수가 나오고 바로 손을 말릴 수 있게 설계된 제품도 있습니다.

다이슨은 진공청소기를 사용하면서 먼지봉투의 불편함을 찾아내고 3년 동안 낡은 마차 창고에서 사이클론 방식을 결합한 청소기를 개발에 매진했습니다. 물론 처음 몇 년간은 계속 실패했습니다. 그러나 그 수많은 실패들이 지금의 다이슨을 만들어냈습니다. 아마존 CEO인 제프 베조스가 "빨리 실패하고 개선하는 것이 중요합니다"라고 말한 실패의 철학은 유명합니다. 아마존에서는 실패를 용인하는 기업문화가 널리 퍼져있는데 바로 이것이 아마존의 성공비결이라고 합니다.

여기서 재미있는 사실은 아마존이 사실상 실패하기 힘든 모델을 가지고 있다는 점입니다. 최초 사업을 기획 할 때 실패할 경우의 시나리오를 갖고 시작하기 때문입니다. 만약 최초의 비즈니스가 실패했다면 그 아이템 또는 비슷한 소스를 가지고 활용가능한 몇 가지 단계의 대응을 준비해 둡니다. 말 그대로 원 소스 멀티 유즈 One-Source Multi-Use를 계획해 두는 것입니다. 구글의 대표적 골칫거리였던 휴대폰 사업도 외부에서 보면 실패지만, 내부적으로는 실패와 손실이 아닙니다. 이것은 결국 모바일 쇼핑의 인터페이스에 활용되었습니다.

아마존의 사례에서 보듯, 실패에 대한 치밀한 대비가 있다면 실패를 해도 효율적으로 성공의 기회를 다시 잡을 수 있습니다. 또한 실패의 원인을 분석한 후 다음 용도로의 전환 장치를 마련해 두는 등 다양한 안전장치를 마련한다면 투자를 받는 것도 용이해집니다. 1차 사업이 틀어져도 다른 시나리오로의 태세전환이 대비되어 있기 때문입니다. 새로운 사업에 대해서는 누구도 결과를 장담할 수 없습니다. 대부분 차가운 시선으로 바라보게 마련입니다. 그래서 자본 뿐만 아니라 치밀한 계획이 필요합니다. 실패를 하더라도 또다른 투자자를 모을 수 있는 준비를 해야 합니다. 그리고 만약 같은 아이템으로 세 번째까지 안된다면 업의 본질을 고민해 보는 자세가 필요합니다. 한 번에 모든 것을 이루려고 욕심부리지 말아야합니다. 우리가 미디어에서 볼 수 있는 화려한 성공 뒤에는 피를 토하는 노력이 숨어있기 마련입니다.

외식계의 큰 손 백종원의 실패담도 유명합니다. 너무 얇게 썰려서 버려야한 했던 고기를 발상의 전환을 통해 대패삼겹살로 재탄생시킨 일화는 유명합니다.

윈스턴 처칠은 "성공이란 열정을 잃지 않고 실패를 거듭할 수 있는 능력이다[13]"라고 말했습니다. 열정을 잃지 않고 실패를 거듭할 수 있는 능력은 중요합니다.

주변에서는 사업에 계속 실패를 하면서 변화 없이 계속된 도전과 실패를 하는 이들을 어렵지 않게 찾아 볼 수 있습니다. 그들이 계속 실패하는 이유는 단 한가지입니다. 실패의 원인을 모르는 것입니다. 실패에 대한 분석이 없는 '취미 창업자'는 결코 성공할 수 없습니다.

실력이 출중한 프로 바둑 기사는 복기를 열심히 합니다. 내가 두었던 바둑과 남이 두었던 바둑을 비교하며 잘했던 점과 못했던 점을 분석하고, 이런 상황에는 어떻게 했을까를 공부합니다. 잘못한 점은 지양(止揚)하고, 잘한 점은 지향(志向)하면서 체질과 생각을 바꾸어 나갑니다. 주식시장에서 돈을 버는 투자자 역시 그렇습니다. 성공한 투자자의 투자 일기(日記)는 무용담이 아닙니다. 주

---

13 "Success is the ability to go from one failure to another with no loss of enthusiasm."

식투자의 실패를 철저히 분석하여 잘못된 체질을 고쳐 나갈 때 성공한 투자자가 됩니다. 스타트 업을 시작할 때 '안됐을 때 어쩌지?'라는 고민을 하지 않는다면 투자자에 대한 직무유기입니다. 고민해야 합니다. 투자를 받은 기업의 의무이기 때문입니다.

한 번 실패했다고 패배자가 아닙니다. 이유를 모르는 실패자가 진정한 패배자이며, 다음 기회를 꾸준히 물색하는 한, 성공의 기회는 열려있습니다.

실패에 대한 두려움 떨쳐내기

대기업과 스타트업의 중요한 차이 중 하나는 '경험의 차이'라고 말할 수 있습니다. 대기업은 수많은 시행착오를 거쳐 그 기업에 맞는 적절한 시스템과 일하는 방식에 대한 노하우를 가지고 있습니다. 또한 한 사람이 자리를 이탈하더라도 바로 그 사람을 대체할 수 있는 관련분야 전문가들이 많이 있습니다. 하지만 스타트업은 그렇지 않습니다. 업무 시스템은 구축되어 있지 않고 일하는 방식에 대한 노하우도 거의 없습니다. 한 사람의 영향으로 인해 회사 전체가 흔들리기도 합니다.

이렇듯 스타트업은 특성상 시행착오를 거칠 수밖에 없고 대기업에 비해서 단점들이 분명 존재합니다. 하지만 스타트업에서 일을 하다보면 변화와 더불어 기회도 많다는 것을 실감하게 됩니다. 어쩌면 기회가 훨씬 더 많습니다. 하지만 스타트업이기 때문에 변화가 심한 것이 아니라, 시행착오가 많기 때문에 대기업에 비해 변화가 많다고 느끼는 것일지도 모르겠습니다. 스타트업에서 시행착오는 불가피하며, 역설적으로 필요하기도 합니다. 성공한 스타드업들은 잘못을 빠르게 파악한 후 유연하고 적극적으로 해결하면서 사업을 성장시켰기 때문입니다.

따라서 여러분이 스타트업을 통해 비즈니스를 시작하기로 마음먹었다면, 시행착오를 어느 정도는 당연한 것이라고 생각하는 자세가 필요합니다. 그러면서 내가 하는 일이 잘못되면 큰일 날 것이라는 부담감에서 벗어나야 합니다. 그러면서 시행착오를 너무 당연한 것으로 여기며 앞만 봐서도 안됩니다. 실패를 했다면 반드시 그 실패로부터 교훈을 얻어내야 합니다.

유명한 디자인 기업인 아이디오IDEO의 업무 방식을 보면 이해가 될 겁니다. 아이디오에는 사무실마다 기술상자Tech Box를 설치하여 디자이너가 프로젝트 작업시에 사용했던 부품들에 이름표를 붙이고 서랍장에 넣어 놓습니다. 서랍장 위에는 인트라넷에 연결된 컴퓨터가 있어서 해당 부품의 이름을 자판으로 두드리면 어떤 것이고, 어떻게 작동하며, 무엇으로 만들어졌고, 어떤 매력이 있는지,

그리고 사내에서 누가 전문가인지에 대한 정보가 나타납니다. 또한 어떤 프로젝트에서 왜 실패했는지도 함께 명시하여 구성원 모두가 언제든 그 정보를 볼 수 있도록 하고 있습니다. 실패를 잊지 않고 실패를 통해 배우고자 하는 치열하고 정밀한 노력을 통해 아이디오는 발전할 수 있었고, 현재 세계 탑클래스의 디자인 기업으로 자리매김하고 있습니다.

회사를 설립해보자

법인설립 전문가 따라하기

PART. II

스스로 해보는 법인설립 #1

사업을 처음 시작할 때 하는 고민이 '개인사업자로 할 것인가? 법인사업자로 할 것인가?'입니다. 개인사업자와 법인사업자의 가장 큰 차이가 국세청에 납부할 세금의 항목입니다. 개인사업자는 소득세 세목으로 수익규모를 7단계로 나누어 6~42%의 세금을 납부하게 됩니다. 반면, 법인사업자는 소득세가 아닌 법인세 세목으로 4단계로 나누어 10~25%의 세금을 납부합니다. 초기 수익이 없거나 적은 입장에서는 개인사업자의 6% 세금이 유리해 보입니다. 그러나 궁극적으로는 법인사업자로 시작하는게 유리합니다.

스타트업을 시작하는 대부분의 이유는 세상을 바꾸기 위한 거창한 비전도 있겠지만, 일차적인 목적이 수익을 창출하고 돈을 버는 데 있는 경우도 있을 것입니다. 대표인 당신은 투자유치를 받아서 사업의 규모를 키울 수도 있고 가치가 상승한 비즈니스를 매각할 수도 있습니다. 그런데 기업에 투자하는 투자자들은 개인사업자에게 투자를 해주는 경우는 거의 없고, 대부분 주식회사 형태의 기업에 투자합니다. 따라서 스타트업을 시작한다면 처음부터 법인사업자로 설립할 것을 추천합니다.

처음 법인사업자로 스타트업을 꾸리려고 마음먹었을 때 떠오르는 가장 큰 부담이 무엇일까요? 바로 자본금입니다. '자본금이 없는데 어떻게 하나요?'라는 걱정이 앞설지 모르겠습니다. 하지만 과거에는 법인설립을 하려면 자본금 납입 요건이 최소 5,000만 원 이상이었지만, 지금은 100원 이상만 되어도 자본금 납입이 가능해졌습니다. 게다가 예전에는 법무사를 거쳐서 법인설립신고를 하다 보니 대행 수수료도 만만치 않았지만 요즘은 인터넷을 활용해 직접 법인설립이 가능해졌습니다.

우선 법인을 설립하기 위해서 법인의 종류에 대한 이해가 있어야 합니다. 다음 표에는 5가지 법인의 종류가 나와있습니다. 국내에서 법인이라고 하면 대부분 주식회사라고 보시면 되는데, 구글 코리아 등 외국계 기업의 한국 지사와 같은 유한회사나 청년 벤처 창업에 적합한 유한책임회사의 형태도 알아두면 좋습니다.

분류별		주식회사	유한회사
정의		주식의 인수가액에 대한 출자의무만을 부담하는 회사	사원의 출자금액을 한도로 책임지는 회사
자본금		100원 ～ 10억 원 미만	100원 ～10억 원 미만
최소 구성원		- 사내이사 1인 - (지분없는) 감사 1인 또는 사내이사 1인	이사 1인
조직구조	회사 대표	대표이사	이사
	의사 결정	주주총회	사원총회
	업무 집행	영업활동조달 현금, 투자활동 후 현금흐름	사원총회
	감사 기관	경영능력, 업계평판, 지분구조(경영권의 안정성),기술력 등	감사(임의기관)
설립(예)		국내 설립 대부분의 법인	구글코리아, 애플코리아, 루이비통코리아 등 외국계 대기업의 한국지사

분류별	합명회사	합자회사	유한책임회사
정의	회사의 채무에 대하여 무한의 책임을 지는 무한책임사원과 재산출자 가액을 한도로 책임을 부담하는 유한책임사원으로 구성된 회사	사원의 출자금액을 한도로 책임지는 회사	각 사원이 출자금액을 한도로 책임지는 회사
자본금	100원 이상	100원 ~10억 원 미만	100원 이상
최소 구성원	- 무한책임사원 1인 - 유한책임사원 1인	이사 1인	업무집행자 1인
조직구조 / 회사대표	무한책임사원	이사	업무집행사원
조직구조 / 의사결정	무한책임사원	사원총회	업무집행사원
조직구조 / 업무집행	무한책임사원	사원총회	업무집행사원
조직구조 / 감사기관	없음	감사(임의기관)	없음
설립(예)	자본적 결합의 색채보다도 자본적 인적 결합의 색체가 짙은 회사가 채택	가족간의 재산상속을 목적으로 하여, 법률, 회계, 의료 서비스 회사가 채택	청년벤처창업에 적합 향후 소규모 기업에서 활용될 것으로 기대

법인의 분류(인터넷 등기소)

야 너도 대표될 수 있어

법인을 설립할 때는 법인명을 맨 처음 준비하게 됩니다. 그러나 첫 단추를 잘못 끼웠다면 공들였던 모든 것들이 무너질 수 있습니다. 법인명을 등록할 때 반드시 다음 세 가지는 기억하고 설립하세요.

1. 법인명이 타사와 중복되는지 확인합니다

법인명이 다른 회사와 겹치는지 '법인 상호 검색'을 해야 합니다. 법인명 검색을 우선적으로 하는 이유는 향후 사업이 잘되었을 때 상호와 관련된 소송이 들어오는 경우가 있기 때문입니다. 소송이 걸려서 상호 사용을 못하는 경우가 실제로 발생하기도 합니다.

법인명의 검색은 대한민국 법원 인터넷 등기소(www.iros.go.kr)의 〈법인 상호 검색〉에서 가능합니다. 인터넷 등기소에 접속하면 인터넷 등기소의 법인 상호 검색은 회원가입 없이도 사용이 가능합니다.

법인상호 검색 등기 신청양식 등기신청 사건조회 전자신청 서명 법인인감증명서 발급예약 등록면허세 정액분 신고 등기비용 안내

2. 사용하고자 하는 상호가 상표 등록이 되어 있는지 확인 합니다

특허정보넷 키프리스(http://www.kipris.or.kr)를 이용하면 상표를 검색할 수 있습니다. 키프리스 홈페이지의 〈상표〉 메뉴를 클릭하시면 됩니다.

상표명을 충분히 검색해 보신 후 상표등록이 안 되어 있는 상호명으로 법인설립을 할 것을 추천합니다. 그리고 법인설립과 동시에 상표등록을 해둬합니다. 이것 역시 변리사를 통해서 할 수도 있지만 직접 할 수도 있습니다.

3. 홈페이지를 오픈할 도메인명과 유튜브 채널명을 확인 합니다

도메인[14]은 〈가비아〉,〈cafe24〉을 이용하면 등록할 수 있습니다. 도메인은 보통 1년이나 2년 단위로 계약하며 연장이 가능합니다. 도메인은 중요도에 따라 가격이 천차만별입니다. 보통 1년에 1만원 대부터 사용이 가능하니 법인명이 결정되었다면 바로 도메인을 등록하시기 바랍니다. 또한 최근에는 웹과 모바일상에서 구동 가능한 홈페이지도 쉽게 제작이 가능합니다. 예를들어 〈가비아〉의 '크리에이터링크'를 활용하면 누구나 쉽게 홈페이지를 만들 수 있습니다. 네이버의 블로그 편집을 해봤다면 누구나 쉽고 간단하게 기업 홈페이지를 제작할 수 있습니다.

또한 유튜브 채널명 역시 선점해 두어야 합니다. 먼저 지메일(www.gmail.com)에서 메일 계정을 생성하고, 로그인 한 뒤 유튜브 채널로 이동합니다. 유튜브에서 업로드를 선택하면 크리에이터 활동 시작이 나오고 채널 생성방식이 '내 이름 사용'과 '맞춤 이름 사용'이 나옵니다. '맞춤 이름 사용'을 선택하여 회사명이나 브랜드명을 채널명으로 확정합니다.

〈유튜브 크리에이터 아카데미〉에 접속하시면 무료로 동영상 제작 채널관리, 수익창출에 대한 무료 강의를 들으실 수 있습니다.

14 도메인이란 인터넷상에서 .com/co.kr/kr 등의 주소입니다.

gabia. 도메인 호스팅 홈페이지 쇼핑몰 | 클라우드 IDC 보안 | 메일/그룹웨어

도메인

도메인은 개인 또는 기업을 대표하는
브랜드이자 첫인상입니다.
브랜드 가치를 높이는 가장 쉬운 방법,
NO.1 가비아

도메인 등록	기관이전	예약	프리미엄 서비스
도메인 검색	기관이전	예약	관리 대행
오늘의 도메인			구매 대행
			도메인 보안

서비스 알아보기

가비아 홈페이지

YouTube 퀵스타트 가이드
시작하기

그럼 시작해 보겠습니다. 빠른 채널 설정, 동영상 업로드, 브랜딩 조정 방법을 알려드립니다...
초급 · 4개 강의 · 90 Minutes

검색 가능성 높이기
채널 최적화

메타데이터, 공동작업, 자막, 프로모션을 활용해 YouTube에서 채널의 검색 가능성을 높...
초급 · 6개 강의 · 2시간

채널에서 수익을 창출할 준비가 되었나요?
수익과 비즈니스

YouTube 파트너 프로그램에 참여한다는 것은 어떤 의미가 있을까요? YouTube 파트너...
초급 · 3개 강의 · 15분

과정 살펴보기

시작하기
채널 기초 학습

콘텐츠 전략
멋진 콘텐츠 만들기

제작
멋진 동영상 제작

유튜브 크리에이터 아카데미
https://creatoracademy.youtube.com

야 너도 대표될 수 있어

스스로 해보는 법인설립 #2

보통 법인설립은 법무사 사무실에서 대행을 해줍니다. 법무사 사무실을 이용하면 서류를 준비해 주기만 하면 되기에 편리하지만, 대행 수수료를 내야하고 업태나 업종 등을 변경하려 할 때마다 수수료가 들어갑니다.

그래서 법무사 사무실을 통하지 않고 직접 법인을 설립해보기 위해 인터넷을 살펴보면 법인설립을 하는 과정들이 아주 간단한 것처럼 나와있는 경우가 많습니다. 하지만 실제로 인터넷을 통해 법인을 설립해보면 만만치 않습니다. 앞으로 설명드릴 내용들은 직접 법인설립을 하며 느꼈던 중요한 사항들과 팁입니다. 잘 활용해서 법인설립 대행수수료를 절감해 보세요.

법인설립을 직접 하는데 가장 중요한 첫단계는 사전 준비입니다. 준비물을 꼼꼼히 챙겨야 합니다. 그렇지 않으면 여러 번의 헛걸음을 할 수 있을 뿐더러, 그에 따른 정신적 스트레스를 겪을 수 있습니다. 우선은 법인인감도장과 대표의 공인인증서, 감사[15]의 공인인증서가 필요합니다. 법인인감도장은 근처의 도장을 제작하는 공방이나 문구점에서 제작이 가능하며, 인터넷쇼핑몰에서도 '법인인감도장'으로 검색하면 온라인으로 주문 제작이 가능합니다. 하지만 필자는 오래 사용할 수 있는 멋진 법인인감도장을 만들고 싶어서 도장을 전문적으로 제작하는 공방에 방문하여 도장의 서체와 모양 등을 직접 선택하였습니다. 가끔은 온라인 구매보다 오프라인에서 발품을 팔며 돌아다니다 보면 더 좋은 제품을 저렴하게 구입할 수 있습니다. 물론 인주도 필요합니다.

감사의 공인인증서는 대표가 직접 로그인하지 않습니다. 감사가 인터넷등기소에 접속하여 승인을 해주면 완료되는 시스템입니다. 여기서 스캐너가 반드시 필요합니다. 집이나 사무실에 스캐너가 없다면 스캐너가 있는 PC방을 활용하세요,

다음으로는, 자본금에 해당하는 금액이 대표자 명의의 은행통

---

15 법인의 감사는 법인의 주식을 소유하고 있으면 안되니 주의합시다

장이나 주금납입 증명서[16]가 필요합니다. 법인 대표가 지분 100%를 소유하고 창업을 시작하는 경우에는 자본금에 해당하는 금액이 들어있는 은행 잔고가 있어야 합니다. 2인 이상이 주주인 경우에도 주금 납입 증명서가 필요합니다. 그럴 경우 절차가 꽤 복잡합니다.

인터넷으로 법인설립을 하고자 한다면 우선은 대표가 100%의 지분을 소유하는 것으로 시작한 후, 추가로 주주를 영입하는 것이 편리합니다. 은행 계좌에는 반드시 자본금 이상의 잔고가 있어야 하며 증권사 계좌의 잔고는 인정되지 않습니다. 은행 계좌에 자본금을 입금해두면 인터넷 등기 설립 중에 처리가 가능합니다. 등기소에 가서 신청하는 경우에는 은행에서 잔고증명서를 발급받아야 하므로, 이 부분은 인터넷 설립이 편리합니다. 또한 입금 당일에는 인터넷 법인설립이 불가능하며, 반드시 전일 기준으로 자본금 만큼의 통장 잔액이 있어야 합니다.

참고로 회사 도메인을 반드시 준비해 둡시다. 이는 전자 공시를 할 때 필요합니다. 마지막으로 회사의 주소지가 필요합니다. 아파트는 안됩니다. 반드시 사무실, 오피스텔, 공유오피스 등 이어야 합니다. 법인설립시 법인 주소지의 소유주, 계약관계(월세액, 계약

---

16 *주금납입: 주금이란 주식의 대한 자금을 납입한 사실을 증명하는 문서로서 은행에서 발급해줍니다.

기간 등)를 입력하게 되어있습니다. 다음은 사전 준비사항[17]입니다. 필자가 법인을 설립할 때 도움을 받았던 내용이니 꼼꼼하게 챙겨보시기 바랍니다.

Q. 공인인증서(범용, 용도제한용 불문)를 발급받으셨나요?

1. 시중금융기관(증권 및 우체국 포함)으로부터 공인인증서를 발급받아야 합니다.

2. 개인: 원칙적으로 공인인증서를 발급받아야 합니다. (단, 일정한 요건 구비시는 제외) 다만 법무사, 변호사는 공인인증서를 예외없이 무조건 발급받아야 합니다.

3. 법인: 등기소로부터 전자증명서를 발급받아 인터넷등기소에서 이용등록을 완료해야 전자신청 이용이 가능합니다. 단, 전자신청으로 설립등기, 변경등기 등에 의해 비로소 등기되는 대표권자가 직접 법인등기를 신청하는 경우에는 본인이 직접 등기소를 방문하여 접근번호를 부여받은 후 10일 이내에 인터넷등기소에서 공인인증서 및 접근번호를 이용하여 사용자등록을 완료하여야 합니다.

※ 인터넷등기소 '회사설립등기신청' 메뉴 또는 중소벤처기업부

---

17 사전 준비사항은 인터넷 등기소 웹사이트에서도 검색해 볼 수 있습니다.

'온라인법인설립시스템'을 통해 법인설립등기신청을 진행하는 경우에는 등기소 방문 없이 인터넷등기소 '법인등기온라인사용자등록' 메뉴를 이용하여 사용자등록을 할 수 있습니다.

Q. 사용자등록절차를 완료하셨나요?

1. 자격자(법무사 및 변호사): 본인이 직접 등기소를 방문하여 접근번호를 부여받은 후 대법원인터넷 등기소에서 공인인증서 및 접근번호를 이용하여 사용자등록절차를 완료하여야 합니다.

2. 개인 및 법인: 본인이 신청하되 전국 등기과(소) 어디서나 사용자등록신청이 가능합니다. 등기 권리자와 등기 의무자의 공동신청인 경우 권리자와 의무자 모두 사용자등록신청을 하셔야 합니다. 다만 전자신청사건을 자격자에게 위임할 경우에는 사용자등록절차는 없습니다. 주의하세요. 어떠한 경우에도 대리신청은 불가능합니다.

3. 전자신청 사용자등록의 유효기간은 3년이며 만료일까지 연장신청을 하지 않을 경우 사용자등록이 자동해지되며, 이후 전자신청을 이용하시기 위해서는 다시 등기소를 방문하셔서 사용자등록신청을 하셔야 합니다. 사용자등록 유효기간 연장은 인터넷등기소(부동산〉지원관리〉사용자관리)를 이용하시거나 신분증을 지참하

시어 가까운 등기소를 방문하시면 처리 가능합니다.

★ 세부절차

① 전자신청을 원하는 당사자 또는 자격자가 아래의 서면을 지참하고 직접 등기소를 방문하여 등기소로부터 접근번호를 취득합니다.

② 위 접근번호를 부여받은 날로부터 10일내에 대법원인터넷등기소를 방문하여 자신의 공인인증서와 접근번호를 이용하여 사용자등록번호를 만들어야 비로소 절차가 완성됩니다.

★ 사용자 등록시 필수 첨부 서면

① 개인: 신분증, 주민등록등본, 인감증명서 및 인감도장(본인서명사실확인서 또는 전자본인서명확인서 발급증)

② 자격자: 신분증, 주민등록등본, 자격자등록증 사본, 인감증명서 및 인감도장(본인서명사실확인서 또는 전자본인서명확인서 발급증)

인터넷 등기소 활용법

사전준비물이 준비되었다면 인터넷 등기소(www.iros.go.kr)에 접속합니다. 일반적으로 법인의 정관, 임원 변경 등 사소한 하나라도 변경하려면 법무사에 의뢰를 해야 하고 그때마다 변경대행 수수료를 지급해야합니다. 그러나 인터넷으로 법인설립을 한다면, 이 모든 것을 절약할 수 있습니다.

우리나라가 인터넷 강국이긴 하지만, 아직은 행정업무를 인터넷으로 처리하기란 쉽지 않습니다. 특히나 빠른 업무처리에 익숙한 독자라면 법인설립 업무를 진행하다보면 속이 타는 경우가 생깁니다. 만약 인터넷으로 법인설립을 하다가 문제가 발생했다면 〈1544-0700〉로 전화를 걸어서 원격지원 서비스를 요청하세요. 원격지원을 받는 것이 인터넷을 뒤지거나 헤매는 것보다 시간절약과 스트레스를 덜 받는 지름길입니다.

1. 법인대표자가 회원가입을 한 후 로그인을 합니다.

2. [메인 메뉴] - [등기신청] - [법인] - [전자신청하기] - [신청서 작성 및 제출] 을 선택하면 전자신청 사용자로 로그인 화면으로 전환됩니다.

3. [전자신청사용자로 로그인] 하단의 [법인등기온라인사용자 등록] 을

선택한 후 [공인인증서 등록] - [사용자등록번호 등록] 을 입력합니다.

4. '전자신청을 하기 위한 비밀번호'는 임의로 정하면 됩니다. 분실시에는 등기소에 방문하여 재발급 받아야 하므로 반드시 메모해둡니다.

5. [전자신청사용자로 로그인] - [공인인증서 비밀번호 입력] - [사용자등록번호] 를 입력하면 본격적인 등기신청 메뉴가 나타납니다. 여기까지가 사전준비 완료단계입니다.

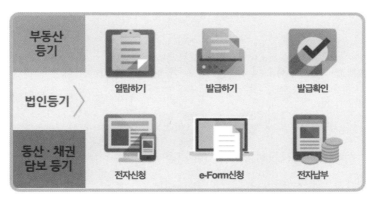

전체 ● 열람/발급　등기신청　　　　　　　　　　　　　　　 ⊞ 더보기
- ⟨new⟩ 인터넷등기소 정기 점검 및 변경 관련 일부 서비스 중단안내　　　2020-11-23
- ⟨new⟩ 코로나19 확산 방지를 위한 등기사용자지원센터 상담원 순환근무에 따른...　2020-11-23
- ⟨new⟩ 인터넷등기소 전자신청 행정정보공동이용 서비스 제한 안내　　　2020-11-17
- 인터넷등기소 법인 등기기록 열람 이용 방법 변경 안내　　　　　　　2020-09-16
- 창원지방법원 함양등기소 임시 사무소 이전 안내　　　　　　　　　2020-09-11

스스로 해보는 법인설립 #3

이제 인터넷 등기소에 들어가서 본격적인 법인설립을 해봅시다.

1. [등기신청] - [법인] - [전자신청하기] - [회사설립등기
   신청] - [신청서작성 및 제출]을 선택합니다.
2. 신규 법인설립의 내용을 입력합니다.
3. 상호: 일반적으로 〈 주식회사 OOOO 〉처럼 앞으로 붙이는 경
   우가 많지만, 〈 OOOO 주식회사 〉로 뒤에 붙이는 것을 추천합
   니다. 사명이 긴 경우 은행 거래내역에서 회사명이 제대로 표시
   되지않는 경우가 많기 때문에 〈 OOOO 주식회사 〉의 형식을
   취하면 편리하게 관리가 가능합니다.

신청등기유형	주식회사 설립등기

| * 상호 ⑦ | 상호 [▽] 스타메이커스 [주식회사 ▽] |
| | 로마자 StarMakers [🔍] |

* 본점 소재지 ⑦	서울특별시 동대문구 회기로 [🔍] [동일상호여부체크]
	☐ 지하 건물번호 85 상세주소 [ ] (회기동) [ ]
	예시) 서울특별시 종로구 중학천길 42, 00호(수송동)

등기의 목적	주식회사 발기설립

* 등기의 사유	정관을 작성하여 발기인이 회사설립시 발생하는 주식의 전부를 인수하고 발기인회에서 상법 제298조의 절차를 종료하였으므로 다음 사항의 등기를 구함

* 공고방법 ⑦	전자공고 ☑
	당 회사의 공고는 회사의 인터넷 홈페이지(starmakers.co.kr)에 게재한다. 다만, 전산장에 또는 그 밖의 부득이한 사유로 회사의 인터넷 홈페이지에 공고를 할 수 없는 때에는 [서울특별시] 내에서 발행되는 [한국경제] 에 게재한다.

* 발행 주식정보 ⑦	발행주식내역 기명주(보통주식)		발행주식의 종류 ◉ 1.액면 ○ 2.무액면
	1주의 금액 [10,000원 ▽]		자본금의 액 0 원
	발행할 주식의 총수 10,000 주		설립시 발행하는 주식총수 0 주

■ 임원 ⑦

* 성명	주민등록번호	발기인여부	직위	출자지분
장보윤		[발기인대표 ▽]	[사내이사 ▽] ☑ 대표권	10,000 주
	주소	[🔍]		
		☐ 지하 건물번호 [ ] 상세주소 [ ] ( ) [ ]		
		예시) 서울특별시 종로구 중학천길 42, 00호(수송동)		
전화번호		이메일 kstarmakers@gmail.com	공동대표 ⑦ [아니오 ▽]	

4. 공고방법: 반드시 전자공고로 선택합니다. 차후 주주가 생겼을 때 전자공고가 아니면 비용과 시간 측면에서 심각한 문제들이 발생합니다. 주주총회 등 주주 공지의무의 경우 신문에 게재해

야 하는 법적의무가 있는데 전자공고의 경우 홈페이지로 갈음할 수 있습니다. 또한, 신문에 게재하는 비용도 크게 들어갑니다. 여기서 홈페이지 도메인을 입력할 때 당장 홈페이지가 만들어져 있지 않아도 됩니다. 도메인만 취득이 되어있으면 문제없습니다.

5. 발행주식정보: 액면가를 지정하고, 자본금에서 액면가를 나누면 총 주식수가 됩니다.

(예시) 액면가 1만 원, 자본금 1억 원 발행할 주식의 총수 10,000주

6. 임원: 대표이사의 정보를 입력하고, 출자지분에는 발행주식 총수를 입력합니다.

7. 목적: 목적은 최대한 많이 넣는 것이 좋습니다. 추가하려면 모든 것이 비용이기 때문입니다. 앞으로 영위하려는 사업 내용을 모두 넣습니다. 내용을 잘 모르겠다면 비슷한 사업을 하는 기업을 여러개 검색합니다. 그리고 전자공시시스템(dart.fss.or.kr)에 들어가서 기업명을 입력하고 검색을 합니다. 해당 기업의 가장 최근 사업보고서를 열어봅니다. '회사의 개요' 항목을 보면 사업의 목적사항이 표기되어 있으므로 참고하면 됩니다. 주로 상장사의 사업보고서에 자세히 기재되어 있는데, 비상장사의 경우 없는 경우가 많습니다. '사업목적 추가/변경'의 주주총회 공고에

- 목적 ⑦

* 목적	1.

초기화　입력　수정　삭제

선택	목적

정관작성용 입력사항	* 결산기준 ⑦ 12월말 ▼	존립기간 또는 해산사유 ☐	전자주주명부 ☑

• 잔액(고)증명서의 경우 대표자 이름, 주민등록번호, 잔액기준일자, 납입은행, 계좌번호의 내용 중 일부 변경 또는 수정시 잔고증명서를 재발급 받으셔야합니다.

* 잔액(고)증명/ 주금납입보관 ⑦	◉ 잔액(고)증명 ○ 주금납입보관증명	* 잔액기준일자	📅 초기화

• 납입 가능 은행(개인명의 계좌만 가능) : 경남은행, 광주은행, 국민은행, 농협중앙회(단위농협 불가), 대구은행, 부산은행, 수협중앙회, 신한은행(구 조흥은행 계좌번호 불가), 우리은행, 전북은행, 제주은행, 중소기업은행, KEB하나은행, 한국스탠다드차타드은행, 한국씨티은행

* 납입은행	선택 ▼	* 계좌번호	('-'미포함)

• 입력하신 계좌정보(납입은행 및 계좌번호 등)는 대법원 인터넷등기소 시스템에 저장되며 재판 및 수사를 위한 자료로도 활용될 수 있습니다.

• 해당 정보는 영구적으로 보관되며 수집 및 이용에 동의하시지 않을 경우 10억미만회사설립등기 서비스를 이용하실 수 없습니다.

☐ 위 내용에 동의합니다.

☐ 최초작성후 3개월이 경과한 신청정보는 자동으로 삭제됩니다.

신청서목록　저장 후 다음 ○

8. 정관

(1) 회사가 발행할 주식의 총수는 20,000,000주 이상으로 합니다. 회사가 성장할수록 유상증자와 무상증자 등을 실시하게 되는 데 발행할 총수가 적다면 정관수정을 해야 합니다.

(2) 주주총회(株主總會)의 소집에서 빠른 업무 진행을 위하여 날짜를 단축합니다.

[예시] 당 회사의 정기 주주총회는 영업연도 말일의 다음날

부터 3월 이내에 소집하고 임시주주총회는 필요한 경우 수시 소집합니다. 주주총회가 필요하지 않는 경우 홈페이지공고로 대신할 수 있습니다. 주주는 e-mail로 의사표명을 갈음 할 수 있습니다

(3) 임원과 이사회의 이사와 감사의 수는 정하되, 대표 1인이 지속됨을 감안하여 1인도 가능하게 합니다.

[예시] ① 당 회사의 이사는 2인 이상, 감사는 1인 이상으로 한다.② 다만, 회사의 자본금 총액이 10억 미만인 경우 ①항에도 불구하고 회사의 이사를 1인으로 할 수 있다.

9. 결산기준: 일반적으로 12월말로 하며, 금융기관은 3월말로 하는 것이 일반적입니다. 결산기준이 12월말이라는 것은 1월1일부터 12월31일까지를 1기로 정하여 결산한다는 의미입니다.

10. 전자주주명부: 반드시 체크합니다.

11. 잔액(고)증명/주금납입보관: 잔액(고)증명을 체크 후 잔액기준일자는 전일날짜로 지정합니다.

12. 납입은행 및 계좌번호: 자본금 만큼 잔액이 있는 통장의 은행과 계좌번호를 입력합니다.

13. 동의에 체크를 하고 [저장 후 다음]을 선택합니다.

신청등기유형	주식회사 설립등기				
상호	스타메이커스 주식회사 (StarMakers Corp.)				
본점소재지	서울특별시 동대문구 회기로 85, 9413호(회기동)				
등기의 목적	주식회사 설립등기				
등기의 사유	정관을 작성하여 발기인이 회사설립시 발생하는 주식의 전부를 인수하고 발기인회에서 상법 제298조의 절차를 종료하였으므로 다음 사항의 등기를 구함				
공고방법	당 회사의 공고는 회사의 인터넷 홈페이지(http://starmakers.co.kr)에 게재한다. 다만, 전산장애 또는 그 밖의 부득이한 사유로 회사의 인터넷 홈페이지에 공고를 할 수 없는 때에는 서울시내에서 발행되는 한국경제에 게재한다.				

발행 주식정보	발행주식내역	기명주(보통주식)	발행주식의 종류	액면	
	1주의 금액	10,000원	자본금의 액	100,000,000원	
	발행할 주식의 총수	20,000,000주	설립시 발행하는 주식총수	10,000주	

임원	성명	주민등록번호	발기인 여부	직위	출자지분
(☐ 상세보기)	장택수	470 - *******	지분없는자	감사	
	장보용	760 - *******	발기인대표	사내이사	10,000주

목적	1. 화장품 판매업 1. 건강식품 판매업 1. 식품의 제조, 가공 및 판매업 1. 동물용 사료 및 조제식품 및 제품 유통 및 서비스 1. 위 각 호와 관련한 제작 및 발주, 무역(수입, 수출), 판매업, 도소매업 및 종합소매업 1. 전자상거래, 통신판매업을 통한 상품, 제품 매매 및 관련 부대사업 1. 브랜드 및 상표권 등 지적재산권의 라이선스업 1. 산업디자인 및 디자인설계 용역업 1. 광고업 1. 교육서비스업, 교육용역업 1. 부동산 매매, 개발, 임대 및 전대업 및 이와 관련된 건설업 1. 경영컨설팅 및 금융컨설팅업, 투자자문업, 투자업, 금융투자업, 재무컨설팅업, 인수합병 컨설팅업 1. 엔젤투자 및 창업 인큐베이팅 액셀러레이팅-창업자선발,보육,투자 등) 1. 벤처기업이나 창업자에 대한 투자 또는 이에 투자하는 조합에 대한 출자 1. 개인투자조합의 운용 1. 상기의 각호와 관련된 부대사업 일체 1. 대출과 증권의 중개, 주선, 대리 업무업

결산기준	12월				

잔액(고) 증명	잔액 기준일자	2020-05-11	납입은행	은행	계좌번호	6507550

야 너도 대표될 수 있어

법인 인감 인터넷 등록

다음으로 법인인감을 인터넷으로 등록하는 방법에 대해 알아봅시다. 법인인감을 등록해야 법인인감카드와 법인인감증명서를 받을 수 있습니다.

1. 스캐너가 연결되어있는 컴퓨터인지 확인합니다.
2. [메뉴] 인터넷등기소 – 자료센터 – 등기신청양식 – 법인등기 〈 114.인감.개인신고서 〉를 반드시 출력하여 법인인감을 날인합니다.
3. 법인인감등록 메뉴가 나오면, [프로그램설치] – [스캔] – [스캐너테스트 프로그램 설치파일]를 합니다. 여기에서 스캐너

의 종류가 다양합니다 보니 인터넷 창이 종료되는 경우가 많습
니다. 이럴 때는 지체 없이 〈1544-0700〉에 전화를 걸어서 원격
지원 서비스를 받으세요.

4. 스캔 등록하면 법인인감이 등록됩니다.

인감 · 개인(改印) 신고서

(신고하는 인감날인란) (인감제출자에 관한 사항)

	상호(명칭)		등기번호	
	본점(주사무소)			
인감제출자	자격/성명			
	주민등록번호			
	주 소			

☐ 위와 같이 인감을 신고합니다. ☐ 위와 같이 개인(改印)하였음을 신고합니다.

　년　　월　　일

신고인 **본 인 성 명**　　　　　　(인) (전화 : 　　　　)
　　　 대리인 성 명　　　　　　(인) (전화 : 　　　　)

지방법원　　　등기소 귀중

주 1. 인감·개인(改印) 신고서의 **신고인의 날인란(*)에는** 「인감증명법」에 따라 신고한 인감을 날인하고 그 인감증명서(발행일로부터 3개월 이내의 것)를 첨부하거나, 등기소에 제출한 유효한 종전 인감(**법인인감**)을 날인하여야 합니다. 또한 인감제출자가 기명날인 또는 서명하였다는 공증인의 인증서면으로 갈음할 수 있습니다.
2. 인감·개인신고서에는 신고하는 인감을 날인한 인감대지를 첨부하여야 합니다.
3. 지배인이 인감을 신고하는 경우에는 인감제출자의 주소란에 지배인을 둔 장소를 기재하고, **위 1. 의 방법 대신** 「상업등기규칙」 제35조제3항의 보증서면(영업주가 등기소에 제출한 인감날인)을 첨부하여야 합니다. 위 보증서면은 아래의 보증서면란에 기재하는 것으로 갈음할 수 있습니다.
4. **위임에 의한 대리인이** 인감을 신고하거나 개인(改印)을 신고하는 경우에는 **위 1. 대신에 아래 위임장의 신고인 날인란(**)에** 「인감증명법」에 따라 신고한 인감을 날인하고 그 인감증명서를 첨부하거나, 등기소에 제출한 유효한 종전 인감(**법인인감**)을 날인하여야 합니다.

보 증 서 면

위 신고하는 인감은 지배인　　　의 인감임이 틀림없음을 보증합니다.

대표이사　　　　　(법인인감)

확인 및 전자서명

본 화면은 신청서, 첨부서면을 일괄 승인할 수 있습니다.

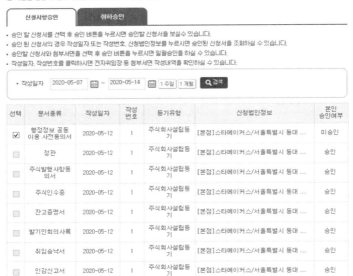

감사의 행정정보 공동이용 사전동의 및 취임승낙서와 조사보고서에 전자서명을 해야합니다. 감사인이 인터넷등기소에서 공인인증서로 로그인 후에 [메뉴] - [등기신청] - [법인] - [전자서명자용] - [신청사항 확인 및 전자서명] 에서 신청사항을 모두 확인 후 [승인] 하면 됩니다.

신청사항 확인 및 전자서명

본 화면은 전자위임장 등 첨부서면을 검색하여 승인하실 수 있습니다.

- 구분　○ 전자증명서　◉ 공인인증서
- 성명　장택수　・(주민)등록번호　470228　-　●●●●●●●　[입력확인]　　🔍검색

- 승인 할 전자위임장 등 첨부서면을 선택 후 승인 버튼을 누르시면 일괄승인을 하실 수 있습니다.
- 작성일자 또는 작성번호를 누르시면 전자위임장 등 첨부서면을 조회하실 수 있습니다.

☐	문서종류	작성일자	작성번호	등기유형	신청법인정보	본인승인여부
☐	행정정보 공동이용 사전동의서	2020-05-12	1	주식회사설립등기	[본점]스타메이커스 주식회사/서울특별시 ...	미승인
☐	취임승낙서	2020-05-12	1	주식회사설립등기	[본점]스타메이커스 주식회사/서울특별시 ...	승인
☐	조사보고서	2020-05-12	1	주식회사설립등기	[본점]스타메이커스 주식회사/서울특별시 ...	승인

총 3건　　　　　　　　　　1　(1/1)

[승인]

신청서 제출과 확인

오류 메시지로 "미승인된 행정정보 공동이용 사전동의서가 존재합니다. 승인을 완료하시고 제출하시기 바랍니다"가 나온다면 감사나 대표이사의 전자서명이 안된 것입니다.

법인설립 승인과 등록면허세 신고

법인설립신청 후 3일이내에 [등기신청] - [법인] - [전자신청하기] - [회사설립등기신청] - [신청처리 내역보기]를 확인하면 승인이 되어있습니다. 빠른 경우는 익일에도 됩니다.

승인이 완료되면, 주소지의 구청 세무과에 전화로 〈 법인설립 관련 - 등록에 대한 등록면허세 신고 〉에 대해 문의합니다. 절차는 신고서를 작성해서 구청 세무과에 이메일을 보내면 구청 세무과에서 고지서를 이메일로 보내줍니다. 서울의 경우 이텍스(https://etax.seoul.go.kr)에서 납부가 가능합니다. 구청은 주로 팩스를 사용하지만, 팩스가 없다고 말하면 이메일로 업무처리가 가능하니 이메일로 부탁하세요. 등록에 대한 등록면허세 신고서 작성시 8. 등기, 등록원인은 〈 영리법인설립 〉으로 기재하면 됩니다.

등록면허세와 지방교육세의 납부

등록면허세는 일반적으로 자본금의 0.4%이나, 서울 시내 법인 설립은 3배 중과가 되어 자본금의 1.2%를 등록면허세로 납부합니다. 지방교육세는 등록면허세의 20%를 납부합니다. 예를 들어 자본금의 1억인 법인을 서울에 설립할 경우, 1억의 1.2%인 120만 원과 등록면허세 24만 원을 합하여 총 144만 원의 세금을 납부하게 됩니다. 서울 이외의 지역에 법인을 설립하였다면 1억원의 0.4%인 40만 원의 등록면허세와 8만 원의 지방교육세를 납부해야 합니다.

등기의 종류와 수수료

지배인의 선임, 변경 등 회사의 주요 사항이 바뀌었다면 변경등기를 해야 하며 수수료를 납부해야 합니다. 변경된 내용이 있음에도 불구하고 지체하거나 변경하지 않을 경우 과태료가 발생합니다.

1. 법인등기

가. 상사회사, 그 밖의 영리법인의 설립, 합병으로 인한 존속법인

  (1) 설립과 납입: 납입한 주식금액, 출자금액, 현금 외의 출자가액의 1천분의 4(세액이 11만2천5백 원 미만인 때에는 11만2천5백 원으로 한다. 이하 이 목부터 다 목까지에서 같다)

(2) 자본증가 또는 출자증가: 납입한 금액 또는 현금 외의 출자

　　가액의 1천분의 4

나. 비영리법인의 설립 또는 합병으로 인한 존속법인

　(1) 설립과 납입: 납입한 출자총액 또는 재산가액의 1천분의 2

　(2) 출자총액 또는 재산총액의 증가: 납입한 출자 또는 재산가

　　액의 1천분의 2

다. 자산재평가적립금에 의한 자본 또는 출자금액의 증가 및 출자

　총액 또는 자산총액의 증가(「자산재평가법」에 따른 자본전입의

　경우는 제외한다): 증가한 금액의 1천분의 1

라. 본점 또는 주사무소의 이전: 건당 11만2천5백 원

마. 지점 또는 분사무소의 설치: 건당 4만2백 원

바. 그 밖의 등기: 건당 4만2백 원

2.'상호'등의 등기

가. 상호의 설정 또는 취득: 건당 7만8천7백 원

나. 지배인의 선임 또는 대리권의 소멸: 건당 1만2천 원

다. 선박관리인의 선임 또는 대리권의 소멸: 건당 1만2천 원

■ 지방세법 시행규칙 [별지 제9호서식] <개정 2017. 12. 29>

등록에 대한 등록면허세 신고서

[기한 내 신고( ) 기한 후 신고( )]

(앞쪽)

접수번호		접수일자		관리번호	

신 고 인	①성 명(법인명)	②주민(법인)등록번호	③주 소(영업소)	④전화번호

등기·등록물건 내역

⑤소재지	

⑥물건명	⑦등기·등록종류	⑧등기·등록원인	⑨등기·등록가액

납부할 세액

세 목	⑩ 과세표준	⑪ 세 율	⑫ 산출세액	⑬ 감면세액	⑭ 기납부세액	가 산 세		⑮계	신고세액합계 (⑫-⑬-⑭+⑯)
						신 고 불성실	납 부 불성실		
합 계									
등록면허세		%							
지방교육세		%							
농어촌특별세		%							

※ 구비서류
1. 등록가액 등을 증명할 수 있는 서류(전세계약서 등) 사본 각 1부
2. 감면 신청서 1부
3. 비과세 확인서 1부
4. 기납부세액 영수증 사본 1부
5. 위임장 1부(대리인만 해당됩니다)

「지방세법」 제30조 및 같은 법 시행령 제48조제3항에 따라 위와 같이 신고합니다.

접수(영수)일자인

년 월 일

신고인 (서명 또는 인)
대리인 (서명 또는 인)

동대문구청장 귀하

위 임 장

위의 신고인 본인은 위임받는 사람에게 등록에 대한 등록면허세 신고에 관한 모든 권리와 의무를 위임합니다.

위임자(신고인) (서명 또는 인)

※ 위임장은 별도 서식을 사용할 수 있습니다.

위 임 받는사람	성 명		주민등록번호		위임자와의 관계	
	주 소				전화번호	

접수증(등록면허세 신고서)

신고인(대리인)	접수연월일	과세물건 신고내용	접수번호

「지방세법」 제30조 및 같은 법 시행령 제48조제3항에 따라 신고한 신고서의 접수증입니다.	접수자	접수일
	(서명 또는 인)	

야 너도 대표될 수 있어

법인인감, 법인인감카드, 인감증명서

인터넷으로 모든 업무를 처리하기 위한 법인 전자증명서 발급과 법인 인감증명서를 발급받을 때 필요한 법인 인감카드, 또한 법인 인감증명서까지 발급받으려면 등기소에 방문해야 합니다. 법인 전자증명서로 여러가지 업무를 간편하게 처리할 수 있지만, 딱 한 가지 안되는 것이 법인 인감증명서의 인터넷 발급입니다.

　법인 인감증명서와 법인인감은 개인으로 치자면 인감증명서와 개인인감과 동일한 것입니다. 이것을 사소하게 여기면 큰 일을 당할 수 있습니다. 집을 매매할 때, 자동차를 매매할 때, 은행에서 대출을 받을 때 요구하는 것이 인감과 인감증명서임을 생각해본다면 그 중요성이 이해될 것입니다. 법인과 개인이 다른 점이 있다면 개인은 인감증명서 발급시 주민센터에 가서 본인이 가면 발급해주지만, 법인의 인감증명서는 등기국에 가서 법인인감카드를 소지하고 내밀어야 발급이 가능하다는 것입니다.

법인인감과 법인인감카드와 법인인감증명서 3총사의 관리를 소홀히 하면 대출 사기 등의 위험에 노출 된다는 것을 명심하세요. 실제 어떤 법인에서는 이것으로 인해 부도가 났습니다. 어떤 일이 있어도 이 3종은 대표가 보관하고, 인감증명서를 제출할 때는 용도를 수기로 적어서 적힌 용도 외에는 남용되지 못하도록 해야합니다. 또한, 법인 인감증명서 제출과 법인 인감도장 날인은 리스트를 작성하여 항상 어디에 날인이 되어있는지를 알 수 있어야 합니다. 다른 안전 장치 중 하나는 사용인감과 사용인감계를 사용하는 것입니다. 일반적인 법인인감 날인은 사용인감을 사용하고 인감 반출이 필요할 때는 사용인감계를 사용하면 안전하게 운영될 수 있습니다.

법인 등기부등본은 인터넷발급이 가능합니다. 나의 회사 뿐 아니라 타인의 회사도 발급이 가능합니다. 부동산의 등기부등본 발급이 누구나 가능한 이치와 같습니다. 법인 인감증명서는 절대 인터넷이 안되니 주의하세요. 이제 법원 등기소를 검색해서 방문해서 법인설립을 마무리 해 봅시다.

1. '법원 등기소'를 검색해서 방문합니다. 법인인감카드를 발급받으면서 법인 인감증명서와 법인 등기부등본을 함께 발급받습니다. 설립 초기에는 사용할 일이 많으니 넉넉히 발급받으세요.

2. 전자증명서 등록한다고 하면, 등기소 옆 은행에서 15000원 인지대 영수증을 수납해야 합니다. 수납 영수증을 보여주면 전자증명서 USB를 발급해 줍니다. 등기소에 다녀온 지 10일 이내에 인터넷등기소에 접속해서 [법인등기] - [전자신청] - [전자증명서 등록 및 관리] - [이용정보관리]까지 해야 만 설립이 마무리 됩니다.

여기까지 해야 설립이 완료됩니다. 법무사들의 수고에 대한 수수료는 결코 헛된 것이 아니었습니다. 스스로 법인설립을 해본다는 것이 결코 쉬운 일은 아니나, 스타트업의 대표로서 처음 설립부터 손수 모든 것을 할 줄 아는 것도 큰 경험이었습니다. 처음부터 남에게 맡기기만 한다면, 결국 내가 손수 키운 회사도 남에게 맡겨질 것입니다. 그러나 서류 발급으로 모든 절차가 끝난 것이 아닙니다. 은행 계좌개설을 하고 공인인증서를 등록해야지만, 실제 법인에 관련된 업무를 인터넷으로 처리할 수 있습니다. 법인설립까지만 대표자의 공인인증서로 가능한 것이며, 법인설립이 완료되었다면 이제는 법인명의의 공인인증서로 로그인해야만 업무가 가능하기 때문입니다. 은행에 갈 때는 대표자가 다음과 같은 서류를 준비합니다.

1. 사업자등록증   2. 법인인감증명서   3. 법인인감도장
4. 주주명부   5. 법인 임대차 계약서

은행 계좌개설 후 범용인증서(11만 원)를 발급받아도 되지만, 은행용과 전자세금계산서용을 각각 4,400원에 발급받으면 법인업무 준비가 완료됩니다.

대표 연봉 책정과 스톡옵션의 활용

"대표인 내 연봉은 어떻게 정하지?" 대표이사 월급을 대표이사 마음대로 정할 수 있지 않을까요? 정답은 "NO" 입니다. 대표이사를 포함한 등기이사는 무보수 원칙이나 상법에서는 이사의 보수를 정관 또는 주주총회의 결의로 정할 수 있다고 명시하고 있습니다. 이는 대표이사가 마음대로 보수를 책정하는 것을 방지하고 회사와 주주, 투자자의 이익을 보호하기 위함입니다.

상법 제 388조: 이사의 보수는 정관에 그 액을 정하지 아니한 때에는 주주총회의 결의로 이를 정한다.

정관 제40조(이사의 보수): 이사의 보수는 주주총회의 결의로 정한다. 이사의 보수결정을 위한 의안은 구분하여 의결하여야 한다. 단, 직원의 업무를 겸하여 수행하는 이사에 있어서 직원의 업무에 대한 보수는 여타 직원의 경우에 준한다.

그럼 실제 정관을 한 번 살펴볼까요? 삼성전자의 경우 정관 제34조(이사의 보수)에 "이사의 보수 한도는 주주총회의 결의로써 이를 정한다"라고 간략하게 명시하였습니다. 이사의 보수에 대한 조항임에도 얼마를 지급한다거나 상한선에 대한 내용은 없는데요. 정관에 이사의 보수액을 명시할 경우 보수액을 변경할 때마다 정관도 개정해야 하는 번거로움이 있겠죠? 때문에 대부분의 기업이 정관에 보수액을 공개하지는 않습니다. 대신 주주총회를 통해 우선 보수한도를 정한 다음, 구체적인 보수액은 이사회의 협의를 거쳐 확정하는 것이 일반적입니다. 얼마를 받더라도 적법하고 투명하게 받는 것이 대표이사와 회사 모두에게 좋은 길입니다.

그런데 만약 대표이사가 대주주라면 반전이 있을까요? 주주의 경우 지분율이 늘어날수록 회사 경영에 대한 상법상 권리도 커지니까 말이죠. 특히나 대부분의 스타트업은 대표이사가 창업자이자 대주주인 회사가 많은데요. 대표이사가 대주주라고 해도, 액수를 마음대로 정하거나 한도를 상향 조정할 수는 없습니다. 주주총회뿐만 아니라 투자자의 동의도 얻어야 하기 때문입니다. 거액을 투자한 투자자는 자신이 투자한 돈이 어떻게 쓰이는지 혹시라도 임원진의 보수가 과도하게 책정되어 운영 자금이 빠르게 소진되는 건 아닌지 궁금하겠죠? 이를 위해 투자자는 주주간 동의계약서에 투자자의 주요 권한을 명시합니다. 대표이사의 보수는 물론 정관의 변경이나 대표이사의 선임 등 주주총회나 이사회의 결의가 필요한 사항에 대해서는 투자자의 사전 동의를 얻도록 계약하는 것입니다. 따라서 대표이사의 급여 책정은 주주, 이사회, 투자자 모두가 균형있는 조화를 이뤄야합니다. 회사 경영은 대표이사라고 해서 독단적으로 처리하는 것이 아니라 견제와 균형의 원칙 아래 최선의 방안을 함께 찾아가는 과정인 것이죠.

스톡옵션, 어떻게 활용하나?

스톡옵션은 주식이 아니라 특정 시점에 특정 가격으로 주식을 구매할 수 있는 '권리'입니다. 그러니까 스타트업에 채용돼서 적당한 연봉과 그 회사의 스톡옵션을 받는다는 것은, 그 회사의 주식을 받는 것과는 약간 다릅니다. 주식을 받는다는 것은 회사의 주주가 된다는 의미이며, 주식의 가격에 따라서 세금을 내야 합니다. 스톡옵션을 받는다는 것은 아직 회사의 주주는 아니지만, 주주가 될 수 있는 권리를 받았다는 의미입니다. 따라서 당장 세금을 내야 할 필요는 없습니다. 모든 게 그렇듯이 스톡옵션도 깊게 파고 들어가면 다양한 방면으로 응용할 수 있지만, 기본적으로 스톡옵션이 가지고 있는 조건들은 옵션 수량, 행사가격(strike price)[18], 베스팅(vesting)기간[19], 베스팅(vesting)방법입니다. 당신이 스타메이커스[20]라는 스타트업에 직원으로 채용되면서 스톡옵션을 받았다고 가정해 봅시다.

○ 옵션 수량: 10,000주

○ 행사 가격: 10,000원

○ 베스팅 기간: 4년

그런데 위와 같은 조건으로 입사했다고해서 내가 스타메이커스의 주식 10,000주를 바로 소유할 수 있는 게 아닙니다. 10,000주를 4년에 걸쳐서 매수(vesting 기간=4년)할 수 있는 권리를 받는 것인데, 회사의 주가와는 상관없이 무조건 나는 10,000원에 주식을 매수할 수 있습니다. 회사마다 다르지만 일반적으로 1년 클리프 베스팅(cliff vesting)방법을 많이 사용합니다.

근무를 시작하고 정확히 1년 되는 시점에 부여받은 1만 주의

18 행사가격(strike price): 매수할 수 있는 가격
19 베스팅(vesting)기간: 부여하는 옵션을 1번에 다 살 수 있는 것이 아니라 정해진 기간에 걸쳐서 나눠 주는 것
20 Star Makers Corp.는 필자가 설립한 회사이다

1/4인 2,500주를10,000원에 구매할 수 있습니다. 1년 클리프베스팅의 의미는 만약 스타메이커스에서 1년 이내에 퇴사한다면 스톡옵션을 단 1주도 행사하지 못하며, 1년 이상 근무시 그 시점에 전체 옵션의 1/4년에 해당되는 2500주만 행사(exercise[21])할 수 있다는 것입니다.

스타메이커스의 경우 1년 후 클리프베스팅되지만 그 이후부터는 매달 베스팅 되니까 4년 간 근무한다면 다음과 같이 행사할 수 있습니다.

근무기간	행사가능한 스톡옵션 주식수
1년	10,000주*1년/4년=2,500주
1년 1개월	10,000주*1년/4년 +10,000주*1개월/48개월=2,708주
2년	10,000주*2년/4년=5,000주
4년	10,000주

입사한 후 회사가 급성장하여 입사 9개월 만에 IPO를 했다

---

21 exercise(행사) : 스톡옵션을 매수하는 것

야 너도 대표될 수 있어

고 가정해봅시다. IPO[22] 당시 주식 가격이 300,000원이었고 내가 입사한 지 1년 되는 시점(=스톡옵션의 1/4을 행사할 수 있는 시점) 주가가 더 올라서 400,000원이 되었습니다. 그럼 나는 얼마에 회사의 주식을 살 수 있을까요? 행사가격인 10,000원에 매수할 수 있습니다. 그러면 차액으로 내가 얻는 수익은 자그마치 2,500주 x 390,000(현재 주가 400,000원 − 내 구매가 10,000원) = 975,000,000원이 됩니다. 입사 1년만에 9억 7천 5백만 원이라는 엄청난 수익을 내게됩니다.

행사가격은 모든 직원에게 동일하지 않습니다. 초기에 입사하는 직원들일수록 낮고 나중에 입사하는 사람들일수록 높습니다. 회사에 늦게 입사한 사람들은 손해를 볼 수도 있습니다. 스톡옵션을 행사하는 게 손해가 되는 경우도 있기 때문에 이럴 경우 행사하지 않아도 상관없습니다. 말 그대로 옵션이기 때문에 매수하고 싶으면 하고, 매수하기 싫으면 안해도 됩니다.

---

22 Initial Public Offering: 주식의 신규 상장. 기업 설립 후 회사의 주식을 파는 것을 말한다. 일반적으로 IPO를 하게되면 일반인들도 주식시장에서 회사의 주식을 사고팔 수 있게 된다.

내가 만든 스타트업의 가치는?

기업의 가치를 결정하는 요소는 다양하겠지만, 고객 몇 명을 보유하고 있고, 고객이 얼마나 자주 거래를 하고, 거래 마진이 얼마냐에 따라서 기업 가치는 달라질 수 있습니다. 기업의 가치를 평가하는 방법과 이론은 여러가지가 있습니다. 증권가에서 주식의 가치를 평가할 때 흔히들 '밸류에이션^{Valuation}'이라는 용어를 사용하는데, 기업 가치 평가에는 비슷한 논리가 적용됩니다.

 기업가치가 상승하려면, 기본적으로 고객이 압도적으로 많아야 합니다. 그렇다고 해서 단순한 예상 고객의 수는 잘못된 것입니다. 과거 중국인 기업가들과 이야기를 해 보면, 중국 시장의 거대함을 강조하며 회사의 기업가치를 중국의 인구수와 껴 넣어 주장하기도 했습니다. 다음과 같은 논리로 말입니다.

"제가 껌 100원짜리를 중국에 팔 예정인데 중국 인구수가 14억명[23]이니, 중국 인구의 10%인 1.4억 명에게 1개씩만 팔아도 매출이 이 정도입니다"

이것은 투자를 받기 위한 몇몇 중국인 사업가들의 주장입니다. 이런 논리도 언뜻보면 일리가 있어 보입니다. 실제로 껌을 중국 인구의 10%에게 판매하면 어마어마한 매출을 올릴 수 있으니깐요. 그러나 100원짜리 껌을 팔려고 1억명을 찾아다니거나, 마케팅을 하게 되면 수익보다 비용이 더 커지게 되겠지요. 그러나 이 문제를 다른 쪽에서 생각해 봅시다. 만약 비용이 비례적으로 증가하지 않는 사용자가 늘어나는 사업의 아이템이 있다면 어떻게 될까요? 그렇다면 이야기는 달라집니다. 이 책을 읽고 있는 누군가가 그러한 아이템을 개발할 수 있기를 기원해 봅니다.

만약 당신이 어떤 플랫폼을 만들었다면, 기업 가치는 어떻게 계산할까요? 앞서 중국인 사업가가 언급한 '인구수'가 아닌 '거래 빈도수'를 사용하여 다음과 같이 계산할 수 있습니다. 실제로는 한 국가의 인구가 중요한 것이 아니라 매출과 직결될 수 있는 거래의 빈도가 중요한 것이니까요.

23　중국 인구수 = 14억3천만명 (세계1위, 2020통계청 기준)

플랫폼의 기업가치

Value

=

Margin(마진)

X

Transaction frequencies (거래빈도수)

X

Users(고객수)

성공의 첫걸음

비즈니스 모델을 탄탄하게

PART. III

비즈니스 입체적으로 정의해 보기

"그게 돈벌이가 될 수 있겠어?"라는 주변 사람들의 만류와 걱정에
도 불구하고, 새롭게 스타트업을 시작해보려는 창업가들에게 경의
를 표합니다. 벌써 여러 번 창업과 실패를 반복하신 분들도 있을 것
이고 오랜 회사 생활에 염증을 느껴서 의기양양하게 사표를 던지
고 내 사업을 하겠다고 회사를 박차고 나오신 분들도 계실 겁니다.
또는 과거보다 확연히 위축된 취업시장을 두들겨 보기보다는 창업
을 통해 꿈을 이루어 보고자 하는 열정과 패기가 넘치는 분들도 있
을 것입니다. '그게 돈벌이가 되겠냐'는 말은 아마 모든 분들이 가
장 듣기 싫고 두려운 말일 수도 있을 것 같습니다.

그런 말들이 들릴 때마다 '내가 하려는 비즈니스는 다르다'라

고 목소리에 힘을 주어 반박한 경험이 있을 겁니다. 앞으로 설명드릴 내용은 내 비즈니스의 가능성을 상대방에게 논리적으로 설명하기 위해서라도 반드시 필요한 내용일 것 같습니다. 아시다시피 불과 몇 년전 까지만 해도 생각하지 못했던 다양한 영역에서 새로운 비즈니스의 기회가 싹트고 있습니다. 말 그대로 "그게 돈벌이가 될 수 있겠어?"라고 폄하되어 왔던 비즈니스들이 이제는 새롭게 가치를 창출해 내고 있는 것입니다. 내가 하려고 하는 비즈니스가 얼마나 매력적인지에 대한 설명은 나를 걱정하고 만류하는 주변 사람을 안심시키기 위한 목적보다는 오히려 투자자를 설득하는 상황에서 더욱 필요로 할 것 같습니다.

깊이 생각해 보면, 투자자 입장에서는 잘못된 투자로 인해 발생할 손실이 더 중요할 수 있습니다. 즉, 잘못된 투자로 인해 발생할 손실 리스크 관리가 더욱 중요하다는 말이겠죠. 또한 내가 준비하고 있는 제품(서비스)의 대체재나 위협적인 경쟁자가 등장할 가능성도 있습니다. 특히나 요즘과 같은 상황에서는 의외의 사업 기회가 있을 수도 있습니다. 그렇기 때문에 투자자는 이 비즈니스의 잠재적인 기회요인과 위협요인이 무엇인지 사전에 명확하게 파악하고 싶어 합니다. 아울러 투자자는 투자하고자 하는 스타트업의 비즈니스가 '성장을 가져오는 구조'인지 꼼꼼하게 파악하려고 합니다. 성장성을 검토하는 동시에 본질적인 측면도 고려합니다. 핵심 역량의 보유, 믿을 만한 인재 확보, 돈을 벌기 위한 핵심 활동 등이 얼마나 매력적인지 면밀한 조사를 시행합니다.

결국 이러한 고민을 투자자의 눈높이에서 논리적으로 풀어나가고 내가 부족한 부분이 무엇인지 면밀히 짚어 볼 필요가 있습니다. 그래서 필요한 것이 '비즈니스 모델'입니다.

왜 비즈니스 모델을 봐야 할까요?

스타트업을 시작하려는 분들에게는 비즈니스 모델을 정의해 보는 것이 매우 중요하며, 이를 통해 비즈니스 자체를 입체적으로 점검해 봐야 합니다. 사업 계획서를 작성하기 이전에 비즈니스 모델에 대한 설정과 개선이 필요합니다. 완성도 높은 사업 계획서 작성을 위한 프레임을 잡아본다는 표현이 나을 것 같네요.

비즈니스 모델은 쉽게 말해 '어떻게 돈을 벌 것인가?'에 대한 답을 해주는 것입니다. 그리고 그 답을 주는 과정을 논리적이고 매력적으로 상대방에게 이야기해주는 것이라고 생각하면 될 것 같습니다. 비즈니스 모델을 고민하다 보면 현재 내가 하고자 하는 비즈니스가 어디가 약한지, 강화해야 하는 부분은 어디인지 입체적으로 살펴볼 수 있습니다. 그래서 혹자는 비즈니스 모델은 '사업 운영 지도(내비게이션)'라고 표현하기도 합니다.

"목적이 없으면 계획은 어그러질 수밖에 없다. 목적하는 항구의 방향을 모른다면 모든 바람이 역풍일 테니까" _ 세네카

비즈니스는 어떤 예상치 못한 어려움이 앞에 있을지 모르나 굳건히 헤쳐 나간다는 측면에서 항해에 자주 비유되고는 합니다. 이러한 항해에 있어서 중요한 것이 해도, 나침반과 같은 내 위치와 목적지를 가늠할 수 있는 지침이겠죠. 지도에도 여러 종류가 있습니다. 크게 방향과 위치만 정해 놓은 약도에서부터, 걸어 다니는 사람 한 명 한 명까지 볼 수 있는 초정밀 위성 사진 지도까지…. 하지만 나의 현재 위치와 내가 목적하는 곳을 가늠해 볼 수 있다는 점에서 기본 용도는 같습니다 이러한 사업 운영 지도는 기본적으로 '내 비즈니스 아이디어가 타당한가'를 검토하는 시작부터 '지금 이 비즈니스에 필요한 것은 무엇이지?'라는 중간 점검까지도 가능하게 해줍니다. 뿐만 아니라 비즈니스 모델을 통해 스타트업을 함께 하는 동료에게 우리의 비즈니스는 어떻게 운영되는지, 우리가 키워야 하는 핵심 역량은 무엇인지, 누구와 관계를 강화하고 수익을 확대

하기 위해서는 어떤 액션이 필요할지, 나아가서는 앞으로는 어떻게 변화하면서 성장하면 좋을지 등, 큰 그림에서 공감대를 갖게 해 줍니다.

사업의 필수 아이템 - '비즈니스 모델 캔버스'

스타트업을 운영하다 보면 빠른 의사결정이 필요할 때도 있고, 외부 환경의 변화에 능동적이고 유연하게 비즈니스의 운영 방침을 조정해야 하는 경우도 있습니다. 그런데 크고 작은 의사결정들을 창업자의 판단만으로 진행하는 것은 한계가 있습니다. 그래서 '비즈니스 모델'에 대한 이해가 필요합니다. 제데로 된 비즈니스 모델에 대한 이해는 비즈니스를 성장시켜 가는 과정에서 구성원과의 눈높이를 맞추게 해줍니다.

회사의 대표는 자신의 머릿속에 가지고 있는 '비즈니스 모델(혹은 사업 운영 지도)'을 동료들에게 적극적으로 공유하고 함께 개선해 나아가야 합니다.

비즈니스 모델 캔버스는 의미 그대로 나의 비즈니스 모델을 '캔버스'에 그려 넣는다는 의미입니다. 2010년 알렉산더 오스터왈 더[24]에 의해 처음 소개된 이후 전 세계적으로 많이 사용되고 있는 분석 도구입니다. 장점은 새롭게 등장하는 다양한 비즈니스 모델을 입체적으로 설명할 수 있다는 점입니다. 특히 요즘과 같이 스마트폰을 이용한 플랫폼 서비스나 디지털화에 따른 새로운 운영 형태의 비즈니스에서도 설명력을 높일 수 있기에 국내에서도 컨설팅 보조 도구나 사업 계획서 내의 양식으로 많이 쓰고 있습니다.

〈비즈니스 모델 캔버스〉는 9개의 블록을 정의하는 것으로 시작합니다. 9개의 주요한 사업 요소들은 (1) 고객 세그먼트 (2) 제공 가치 (내가 판매하고자 하는 제품) (3) 고객 세그먼트와 제공 가치를 연결해 주는 채널 (4) 고객과의 관계 강화 방안 (5) 가치 제공을 통해 얻는 매출 (6) 매출 실현을 위해 필요로 하는 나의 핵심 역량 (7) 이를 강화하기 위해 내가 수행해야 할 활동 (8) 내 비즈니스를 키우기 위해 필요로 하는 외부 지원 (9) 이러한 활동, 핵심 역량 강화, 파트너십 등 다양한 액션에 지출되는 비용으로 구성됩니

---

24 알렉산더 오스터왈더(Alex Osterwalder)는 필자, 강연자, 어드바이서로서 비즈니스 모델 혁신이라는 주제로 활동하고 있다. 혁신적 비즈니스 모델을 디자인하는 그의 실용적인 접근법은 예스 피그누어 박사와 함께 개발됐으며, 3M, 에릭슨, 딜로이트 등 전 세계 다양한 산업 분야의 기업에서 활용되고 있다.

다.

　또한 앞서 언급된 비즈니스 모델 캔버스를 구성하는 아홉 개의 블록은 전반부와 후반부로 나누어질 수 있습니다. 전반부는 고객, 가치 제안, 채널, 수익으로 구성되며, 주로 시장에서 고객에게 보이는 부분을 나타내고 있습니다. 기업이 어떤 가치를 고객에게 전달하는지, 그리고 그 가치를 어떻게 전달하고 고객과 어떻게 관계를 맺어가는지 등에 관하여 생각해 볼 수 있는 도구라고 생각하시면 됩니다. 이에 반해 후반부는 기업이 어떻게 가치를 만들어 내는지를 보여줍니다. 어떤 자원과 활동을 통해 가치가 만들어지는지 생각해 볼 수 있는 도구로 구성이 되며, 이런 후반부는 외부에 잘 드러나 보이지 않기에 고객들도 잘 모르는 경우가 많습니다.

구심점이 되는 절박한 고객

우선, 전반부에 구성되는 '고객 세그먼트'와 '제공 가치'부터 시작해 봅시다. 아무리 강조해도 지나치지 않는 시작 점은 바로 '고객' 입니다. 고객에 대해 이야기를 할 때 머릿속에 깊게 각인해야 하는 단어가 있습니다. 바로 '절박함' 입니다.

　나의 비즈니스가 돈을 번다는 것은 내가 무언가를 누군가에게 제공하고 이에 대한 대가를 받는 과정을 말합니다. 제품과 서비스 자체는 가치를 창출하지 않습니다. 이런 제품과 서비스가 정말로 필요로 하는 '절박함'을 가지고 있는 고객을 만나야 비로소 가치를 창출합니다. 그러기에 '나는 무엇을 팔겠다'가 아닌, '나는 누구에게 이것을 팔겠다'가 중요한 시작점이 되어야 합니다. 마케팅에서는 속된 말로, '말기 암 환자를 타깃 해야 한다'고 합니다. 말기 암 환자는 어떤 상황인가요? 이분들은 앞으로 살 수 있는 날들이 얼마 남지 않은 분들입니다. 암 치료가 가능하다고 하면 검증받지 않은 치료제나 민간요법도 앞뒤 가리지 않고 시도해 볼 정도로 절박함이 있는 상황입니다. 심지어 가격도 중요하지 않습니다. 만약 여러분이 그 정도의 절박함이 있는 고객을 발견하거나 혹은 그러한 절박함을 고객에게 심어줄 수 있다면 나의 제품은 성공할 가능성이 높아집니다. 그러기위해서는 우선 내가 제공하는 제품이나 서비스를 정말로 절박하게 필요로 하는 대상이 누구인지 파악하는 것이 중요합니다. 나의 비즈니스 아이디어가 아무리 매력적이라도, 처음부터 대규모 시장을 목표로 할 수는 없습니다. 과연 내 상품을 간절히 필요로 하는 대상은 누구인지부터 파악해야 합니다.

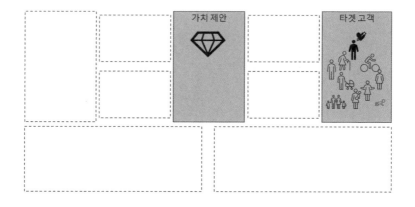

언젠가 폐암 말기의 연예인이 치료를 위해 강아지 구충제인 펜벤다졸을 복용하고 있다는 소식이 이슈가 되었습니다. 검증되지 않은 약이지만 그는 부작용을 생각하지 않고 약을 복용하겠다고 했습니다. 강아지 구충제가 효과가 있다고 해서 모든 암 환자가 선뜻 복용할 수 있을까요? 아마도 그 연예인은 너무나도 절박했기 때문에 지푸라기라도 잡는 심정으로 구충제를 복용했을 것입니다. 그런데 만약 펜벤다졸이 치료에 효과가 있다는 결과가 나온다면 어떻게 될까요? 아마 다른 암 환자들도 적극적으로 복용을 시작하게 될 것입니다.

절박함을 가지고 있는 고객에게 만족을 주기 시작한다면 성공은 자연스러운 결과로 이어질 가능성이 높습니다. 초기에 말기 암 환자와 같이 '절박함'이 있는 고객을 상대로 매출이 발생하게 되면 이들의 성공담 공유를 통해 3기, 2기 암 환자 역시도 가치를 확인해 보고 싶어 할 것이기 때문입니다. 그리고 이들을 통해서 얻어지는 개선점들은 절박한 상황에서 나오기 때문에 내 제품을 더욱 매력적이게 만들어 주는 의미 있는 피드백이 발생할 가능성이 큽니다. 결국 내가 제공하고자 하는 제품이 이를 정말 절박하게 필요로 하는 고객에게 효과적으로 연결만 된다면 가치가 창출된다는 의미입니다.

정리하자면, 절박함이 있는 고객을 상대로 매출이 발생하게 된다면, 초기 타깃을 구심점으로 성공담이 공유됩니다. 타깃 고객의 확대는 이러한 절박한 초기 고객의 호의적인 반응으로부터 시작된다고 볼 수 있습니다.

채널 전략과 고객 관계

내가 제공하고자 하는 가치, 그리고 그 가치를 인정해 주는 타깃 고객이 정의된다면, 그다음은 이 고객을 어떤 방법과 채널을 통해 만나는 것이 가장 효과적인지, 이 고객과의 관계는 어떻게 맺어가는지에 대한 고민이 필요합니다. 이러한 채널 운영은 상황의 변화에 맞춰 탄력적으로 운영해야 하기에 '전략'의 관점에서 접근해야 합니다.

고객과 소통하고 가치를 전달하는 모든 통로가 채널입니다. 앞서 언급된 '가치'가 제대로 전달되기 위해서는 목표로하는 고객이 선호하는 채널이 어디인지 파악해야 합니다. 예를 들어 거동이 어려운 중증 노인 환자를 위해 욕창 방지 기능, 온도 조절 가능한 매트릭스, 그리고 용변을 누워서 볼 수 있고, 비데 기능까지 있는 '스마트침대'를 판매한다고 생각해 봅시다. 어느 채널이 내가 제공하는 가치를 고객에게 제공하는 가장 효과적인 채널일까요? 우리 제품을 필요로 하는 고객은 어떤 채널을 통해 스마트 침대라는 가치가 전달되기를 바랄까요?

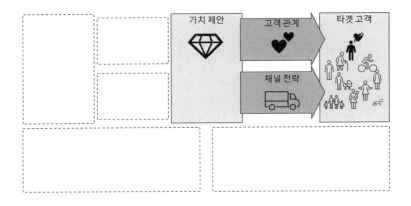

어렵게 생각할 필요는 없습니다. 내가 구매자와 사용자라는 입장에서 고민을 시작해 보면 됩니다. '스마트 침대'의 경우에는 구매자와 사용자가 같지 않을 가능성도 높습니다. 우선 이 분들의 불편함과 절박함을 해결하기 위한 정보 활동은 어디서 주로 발생하는지를 살펴야 합니다. 이럴 경우 구매자의 정보 습득 채널과 사용자의 정보 습득 채널을 나누어 생각해 봐도 좋겠네요.

제품의 구매자가 제품을 사용할 분의 배우자나 자제분들이라고 한다면 다양한 검색어 입력을 통해 원하는 결과물을 찾아보려 할 것입니다. 혹은, 요즘 자주 보이는 노인용품 박람회 등을 직접 방문할 수도 있겠네요. 관련 업종에 종사하는 지인에게 문의를 할 수도 있습니다.

만약 구매자가 제품의 실사용자(노인 환자)인 경우에는 입원 치료 경험이나 요양병원 등에서의 장기 입원 경험이 있을 가능성이 큽니다. 이러한 장소는 정보 전달의 주요 채널이 됩니다. 요양사나 간호사 혹은 같은 처지에 있는 경험자와의 접촉이 많고, 이들과의 신뢰를 바탕으로 내가 필요로 하는 제품을 추천받을 가능성이 크기 때문이죠.

그뿐만 아니라 요즘은 어르신들도 SNS와 유튜브 채널을 통한 정보 습득 활동이 매우 왕성합니다. 이분들이 신뢰하는 정보 채널을 파악해 보는 것이 중요합니다. 앞서 말씀드린 절박함이 있는 채널을 사용자와 구매자의 입장에서 찾아봅시다.

스마트 침대의 경우, 소비자 입장에서는 상당한 구매 비용이 발생할 것 같습니다. 환자의 안전과 침대의 내구성이 모두 뒷받침되어야 하기 때문에 제품 단가가 비싸질 수밖에 없기 때문이지요. 그렇기 때문에 신뢰성 있는 판매 채널 확보가 중요합니다. 사업의 규모가 커지면 직영점을 운영하는 것이 좋겠으나, 초기에는 요양병원을 판매 채널로 이용하는 것이 바람직합니다. 요양병원에서 퇴원하는 노인 환자분들을 대상으로 판매를 시작해 보는 겁니다.

고객과의 관계를 '어떻게 구축하느냐'는 이후의 시장 확대 전략 운영에 있어서도 매우 중요한 영향을 끼칩니다. 고객 관계는 앞서 언급한 '채널 전략'과도 밀접한 관계가 있습니다. 채널은 고객과 소통을 통해 제품(서비스)의 개선점과 아이디어를 얻을 수 있는 접점이기도 합니다. 특히 기업과 고객 간의 실시간 소통이 점점 확대되어가면서 채널 전략은 고객과의 관계 구축에 있어 빼놓을 수 없는 용어가 되었습니다.

스마트 침대는 설치와 사용 설명을 위해 전문 설치 기사의 정기적인 방문이 필요합니다. 또한 제품의 특성상 정기적인 방문을 통해 사용자의 목소리를 청취하고 이를 개선하려는 노력이 필요합니다. 만약 회사가 소비자의 불만을 귀 기울여 듣고 개선 노력을 보여준다면 소비자는 제품의 적극적인 마케터로 변신할 것입니다. 전문 기사의 정기 방문이 단순한 기기의 작동 여부 점검에서 끝나지 않고 시트를 갈아주거나 목욕을 도와드리는 등, 요양사의 역할까지 확대해 나간다면 고객 감동을 넘어 새로운 비즈니스 영역으로 확대할 수 있는 기회도 있을 것 같습니다.

비즈니스 초기의 고객을 확보하고 증가시키는 과정에서는 분명 직간접적인 고객과의 소통의 기회가 존재합니다. 이런 기회를 통해 절박하게 공감과 진심으로 고객들과의 관계를 구축해 나가야 합니다. 채널 전략과 고객 전략은 밀접한 관계에 있습니다. 채널을 통해 고객 관계를 강화해야 하기에 채널과 고객 전략은 통합적인 관점에서 살펴봐야 합니다.

★

가치 제공을 통해 얻는 매출

매출은 고객에게 제공하는 가치에 대한 대가를 의미합니다. 내 비즈니스가 만들어낸 제품이 타깃 고객에게 가치를 제공함으로써 생기는 성장을 위한 영양분이라고 볼 수 있습니다. 이러한 과정이 반복된다면 타깃 고객의 확대와 제공 가치의 상승은 선순환을 만들어 낼 수 있습니다. 여기서 고민해야 할 부분은, '고객은 어떻게 지불하고 싶어하는가?'입니다.

우리 일상생활에 필요한 제품을 만드는 회사에서는 '판매'를 통해 회사의 매출이 발생합니다. 택배회사와 같이 특정한 서비스를 이용하게 함으로써, 매출을 발생시키는 방법도 있습니다. 코스트코와 같이 연간 회원료를 판매할 수도 있으며, 다양한 인터넷 플랫폼 비즈니스에서 보이는 중개 수수료 혹은 광고를 통한 방법 등 여러 가지가 있습니다. 이러한 매출 창출 방식은 4P(Price, Place, Promotion, Product)과 밀접한 관계가 있습니다. '스마트 침대'라고 한다면 렌털 방식이 적합해 보입니다. 대규모 비용에 대한 부담을 줄여줘야 하고, 정기적인 관리를 통해 안전사고 및 기기고장을 미연에 방지해야 하기 때문입니다. 또한, 정기적인 접촉을 통해 고객의 불만 사항을 청취하고 새로운 서비스와 제품을 프로모션 할 수 있는 기회로 활용할 수 있기 때문입니다.

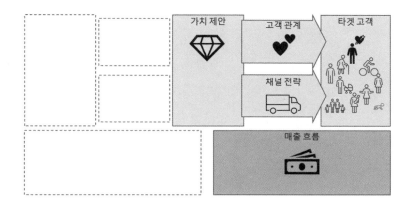

이 영역에서 가장 우선시해야 할 부분은, '지속 성장'입니다. 내가 제공하고자 하는 가치는 쉽게 다른 제품이나 서비스로 대체될 수 있습니다. 그렇기 때문에 타깃 고객의 확대와 동시에 4P 전략도

야 너도 대표될 수 있어

타깃 고객의 확대에 맞춰 다양한 방식을 시도해 보아야 합니다. 내가 제공하는 '가치'와 고객의 확대 과정에서 고객이 기대하는 '가치'와는 차이가 있을 수 있습니다. 타깃 고객의 확대를 위해서는 이들이 원하는 가격 및 선호하는 채널 등이 초기 타깃 고객과는 다르기에, 운영 전략의 변화는 반드시 필요합니다.

마켓 컬리는 신선식품 새벽 배송 업체입니다. 얼마 전 '전지현'을 광고 모델로 사용하면서 이슈가 된 적이 있습니다. 기존에 마켓 컬리의 주요 고객이었던 '직장에 다니는 젊은 엄마'들이 비싼 광고 모델인 전지현에 대한 반감으로 마켓 컬리에서 탈퇴를 하기 시작한 것이죠. 기존 마켓 컬리의 고객은 남들이 쉽게 접하기 힘든 프리미엄 식품을 야간 배송을 통해 구매할 수 있는 '나만의 비법'으로써 마켓 컬리를 좋아했습니다. 하지만, '전지현'이라는 유명 배우를 모델로 내세우자 더 이상 '나만의 마켓 컬리'가 아니게 된 것이죠. 마켓 컬리의 '전지현' 광고는 실패한 전략일까요? 아닙니다. 결과적으로는 마켓 컬리는 초기의 소수 특정 고객에서 다양한 고객군을 목표로 하게 됨으로써, 시장 확대에 성공하게 됩니다.

또 다른 예를 들어볼까요? 스타벅스의 성장과정에도 이러한 전략적 의사결정이 있었습니다. 초기 스타벅스는 BAR와 비슷했습니다. 스타벅스 대표인 하워드 슐츠는 조용한 BAR에서 바텐더와 이야기 나누는 편안한 분위기를 커피숍에서 보이고 싶어 했습니다. "좋은 커피를 마시며 바리스타와 대화를 한다"는 스타벅스의 초기 비즈니스 콘셉트는, 시장 확대 상황에서 포기했어야 했습니다. 본격적인 매장 확대를 통해 어느 곳에서도 일관된 맛과 분위기를 구현하기 위해서는 '바리스타와의 대화를 통한 편안한 분위기'라는 콘셉트은 맞지 않았기 때문입니다. 결과적으로, 지속적인 성장을 위한 고객의 확대라는 측면에서 초기의 비즈니스 콘셉트는 유연하게 조정되어야 합니다. '성장'은 스타트업이 추구해야 할 가장 중요한 키워드입니다. 타깃 고객 확대를 위해서는 비즈니스를 지속적으로 재정의하는 노력이 필요합니다.

야 너도 대표될 수 있어

핵심자원은 무엇인가?

이 블록은 비즈니스를 원활하게 운영하기 위해 가장 필요로 하는 자산을 나타냅니다. 핵심 자원은 유형무형의 자원을 통틀어 나타내며, 다양하게 분류될 수 있습니다. 대표적으로는 물적 자원(부동산, 건물, 설비, 기계, 물류 시스템 등), 지적 자산(특허, 상표, 디자인, 브랜드, 소프트웨어 등), 인적자원(기술인력, 영업인원, 마케터 등), 재무자원(자금 조달 능력, 현금과 신용 한도, 인재 유치를 위한 스톡옵션 등)이 있습니다.

이는 비즈니스가 제공하고자 하는 가치를 만들고 공급하고 수익을 얻기 위해 필요로 하는 자원을 나타냅니다. 같은 가치를 제공한다고 해도 핵심 자원은 다를 수 있습니다. 앞서 언급한 스마트 침대의 경우, 안정적인 구동을 위한 정밀 센서와 모터 제어기술이 핵심 자원일 수도 있고, 필요로 하는 고객을 빠르게 찾아내서 매출로 연결할 영업인원이 핵심 자원일 수도 있습니다. 핵심자원은 궁극적으로 고객과의 관계 유지의 시작점이 되며, 이러한 핵심 자원을 통해 타깃 고객의 확대가 이어지게 됩니다.

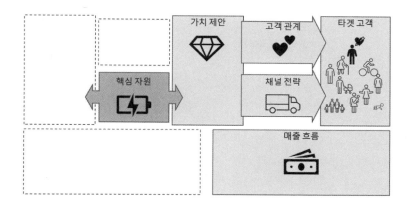

마켓 컬리의 핵심 자원은 주변에서 쉽게 볼 수 없는 특화된 상품입니다. 예를 들어 유럽 지역에서 나오는 특별한 통조림, 한국에서는 쉽게 구입할 수 없는 향신료나 소스 등이 대표적입니다. 이러한 믿을 수 있는 제품을 지속적으로 찾아내는 능력, 그리고 신선한 상태로 공급할 수 있게 해준 물류 시스템, 장시간 운영해 오면서 소비자 머릿속에 각인시킨 브랜드 신뢰도 역시 마켓 컬리의 핵심 자

야 너도 대표될 수 있어

원이겠네요. 마켓 컬리의 시장 확대는 이러한 핵심 자원을 강화하는 과정을 통해 이루어졌습니다. 식자재 물류 업체인 '데일리쿨'을 인수하여 오프라인 물류센터를 확대하고, 소비자 데이터 분석을 통한 예측 주문 시스템 개발도 핵심 자원을 강화하기 위한 활동으로 보입니다.

핵심 활동 - 비즈니스를 영위하기 위한 중요한 것들

핵심 활동은 가치를 창조하고 제공하고 타깃 고객에게 전달하는 과정을 통해 수익을 창출하는데 필요한 활동을 말합니다. 핵심 자원이 정적인 상태라면, 핵심 활동은 시간과 인적, 물적 자원을 투자해서 진행하는 활동을 시간을 두고 진행하는 동적인 특징을 나타냅니다.

핵심 자원을 어떻게 정의하느냐에 따라, 핵심 활동도 연계하여 달라집니다. 핵심 자원을 통해, 무언가를 만들거나, 관리하거나 문제를 해결하는 등 여러 가지 활동이 핵심 활동의 범주에 들어갑니다. 혹은 핵심 자원을 강화하기 위한 다양한 활동(인재 유치, M&A 등)도 핵심 활동에 포함됩니다. 이러한 핵심 활동은 아웃소싱을 할 수 없습니다. 핵심 활동의 주체는 창업자여야 합니다. 창업자나 관리하고 주체적으로 끌고 나가야 할 만큼 원활한 비즈니스 운영을 위해 중요한 블록이라고 할 수 있습니다.앞서 언급한 매출 확대를 위한 4P 관점의 마케팅 활동도 이 영역에 속합니다. 핵심 활동을 통해 고객 세그먼트를 확대하면서 새로운 매출 흐름을 만들어 내기 때문입니다.

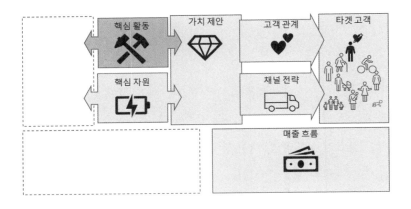

핵심 파트너 – 사업이 잘 진행되기 위한 외부 이해관계자

앞서 언급된 '스마트 침대' 비즈니스를 성공적으로 운영하기 위한 핵심 파트너는 누구일까요? 내 비즈니스가 가지고 있는 핵심 자원과 핵심 활동에서 내부적으로 해결하지 못하고 밖에서 도움을 받아야 하는 대상이 핵심 파트너가 됩니다. 일반적으로 파트너십의 목적은 비용의 절감이며, 자원이나 인프라 공유를 위한 목적도 있습니다. 만약 나의 핵심 자원을 센서 기술과 구동 모터이고 핵심 활동은 스마트 침대의 설계 및 조립이라고 정의한다면, 핵심 파트너는 '스마트 침대'에 들어가는 지지대와 매트릭스, 전원공급장치 등을 제공해 주는 외부 업체가 될 수 있습니다.

하지만 스타트업의 경우, 자체적으로 해결하지 못하는 문제를 풀어줄 수 있는 대상이 파트너가 될 수도 있습니다. 비즈니스를 만들어 가는 과정에서의 전략적 조언가 혹은 산업 전문가가 그 대상입니다. 즉, '스마트 침대' 비즈니스의 경우, 거동이 불편한 환자가 필요로 하는 편의 기능을 제안해 줄 수 있는 오랜 경험을 가지고 있는 의료 종사자가 파트너가 될 수도 있습니다.

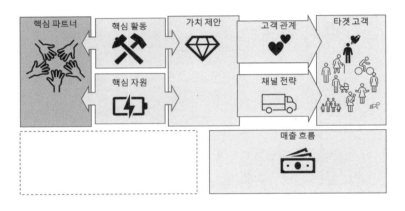

스타트업에게 이러한 전문가 파트너십은 불확실한 성장 전망에서 예상하지 못하는 위험요인을 미리 제거해 준다는데 의미가 있습니다. 비즈니스를 운영하는데 필요한 자원과 활동을 전부 자체적으로 수행하는 기업은 없습니다. 오히려 외부의 파트너십을 통해 자원이나 활동을 도움받음으로써 사업을 확장합니다. 특히, 요즘과 같이 톡톡 튀는 아이디어로 스타트업을 시작하는 초기 창

업자들은 스타트업 액셀러레이터를 통해 성장에 필요한 파트너를 소개받는 경우가 많습니다. 결국, 스타트업 비즈니스는 내가 가지고 있지 않은 부분을 외부로부터 조달함으로써 불필요한 내부 지출을 최소화하고 몸집을 가볍게 하는 것이 중요합니다. 미래에 발생할 수 있는 위험과 변화 상황에 빠르고 유연하게 대처할 수 있게 해준다는 측면에서 다양한 전략적 파트너십을 고민해 볼 수 있습니다.

비용 구조 - 핵심 활동에 필요한 모든 지출

피 같은 돈! 그렇습니다. 비용 관리는 매우 중요한 항목입니다. 스타트업을 시작하는 창업자에게는 본격적인 비즈니스를 운영하기 전에, 초기에 투자되어야 하는 비용에 대한 부담이 많습니다. 즉, 임대료와 인건비와 같은 고정비에 대한 부담이 클 수밖에 없습니다. 비용 관리의 일 순위는 '사람'입니다. 기업 관점에서 직원은 '비용'이면서 동시에 '자산'이기 때문입니다. 우수한 인력을 유치하는 것만큼, 이들을 유지할 수 있는 안정적인 자금 조달 계획을 가지고 있어야 합니다. 아무리 좋은 비전을 제시한다고 하더라도, 함께 뛰어 줄 수 없는 동료가 없으면, 꿈을 이루기 어렵기 때문입니다.

무엇보다, 스타트업에게 '빠른 확장'은 매우 중요합니다. 제한된 리소스로 빠르게 확장하기 위해서는 불필요한 비용을 최소화하는 것이 필요합니다. 그렇다고 무턱대고 비용 최소화를 진행할 수는 없습니다. 왜냐하면, 우리가 비용이라고 생각하는 많은 것들이 전략 실행을 위한 투자일 수 있기 때문입니다. 그렇기 때문에, 내가 투여하는 자금은 '비용'인지 '투자'인지 관점에서 꼼꼼히 따져 봐야 합니다. 즉, 지출이 있으나 회사에 돌아오는 기여가 낮고, 단기간의 효과에 그친다고 하면 '비용'에 가깝습니다.

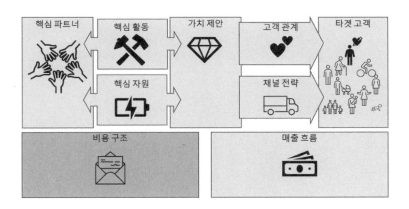

'투자'의 관점에서 본다면, 스타트업의 중장기 성장 전략에서 살펴보아야 합니다. 중장기적으로 필요로 하는 인재, 기술 등이 무엇인지 고민하고 있어야 하기에 나의 비즈니스 모델을 수시로 점

검함으로써 핵심 자원이라고 생각한 부분과 핵심 활동에 대한 적정성을 검토해야 합니다. 대부분의 성공적인 스타트업은 외부 환경 변화에 빠르게 대응하며 초기의 비즈니스 모델을 유기적으로 개선하고 변경하면서 성장합니다. 결국 스타트업을 성장시키기 위해서는 지속적인 영양공급이 필요합니다. 그렇기에 '피 같은 돈'이라는 의미는 영양분을 내 비즈니스 모델을 돌아가게 만드는 반드시 필요한 자산과 활동에 투입하는 것을 의미합니다.

회사의 운명 - 리더십

"사상 최대 위기에 직면했던 당시에 사장인 내가 학교 학급 위원처럼 '다수결로 정합시다'라고 말하는 건 있을 수 없었다. 누군가가 모두를 이끌고 갈 수밖에 없다. 그것이 리더의 역할이고 리더십의 본질이다."
_ 고모리 시게타카 후지필름 CEO 겸 회장

4차산업혁명, 인공지능, 로봇, 플랫폼비즈니스… 빠르게 변화하는 시장을 대표하는 단어들이 있습니다. 이러한 빠른 변화 속에서 기업의 흥망성쇠는 다양한 형태로 나타나고 있습니다. 한때 전 세계 필름시장을 양분하고 있던 후지필름과 코닥의 사례는 많이들 알고 계실 겁니다. 한 회사는 어려운 상황을 극적으로 극복하고 새로운 회사로 거듭나고 있고, 또 다른 회사는 변화의 물결에 휩쓸려서 역사의 뒤안길로 사라지고 있습니다. 후지필름에 무슨 일이 있었을까요? 후지필름이 새로운 회사로 거듭나는 중심에는 고모리 시게타카 회장의 리더십이 있었다는데 많은 분석가들은 목소리를 같이 하고 있습니다.

사실 사진의 디지털화는 갑자기 닥친 일이 아닙니다. 코닥과 후지필름은 이러한 변화를 인식하고 가장 먼저 디지털 카메라 기술을 개발해 두고 있었습니다. 본업이 사라질 위기에서 양사의 경영진의 위기감은 극에 달했습니다. 매출은 2000년 이후 매년 20~30%씩 무섭게 줄어들었고, 10년 만에 10분의 1 이하로 추락했습니다. 컬러필름 등 사진감광 재료는 2000년 당시 후지필름 매출의 60%, 이익의 3분의 2를 차지했었는데, 4~5년 만에 적자 사업으로 전락해 버린 것이죠. 이런 상황에서, 후지 필름은 대부분의 회사가 선택할 수 있는 세가지 전략을 취하게 됩니다.

첫째는 디지털 기술 개발에 나서는 것, 둘째는 아날로그 사진 기술을 극한까지 추구해 사진 사업의 수명을 연장하는 것, 셋째는 신규 사업을 개발하는 것이었습니다. 신규 사업 개발을 통해 매출 확대를 도모하는 것은 일반적으로 성장이 정체될 위기에 있는 회사가 추구하는 바이기도 하며, 실패할 확률이 높은 영역이기도 합니다. 후지필름이 추구했던 다양한 신사업은 실패를 맛보게 됩니다. 그때만 해도 사진필름이라는 고수익이면서도 시장 점유율이 높은 핵심 사업이 성장하는 단계였기 때문입니다. 필름 사업의 호황은 신규 사업 개발을 더디게 만들었습니다. 신규 사업이라는 것 자체가 바로 성과가 보이는 것이 아니었고, 보인다 해도 필름 사업에 비하면 미미했기 때문입니다.

2003년 COO 겸 사장에서 CEO 겸 사장이 되면서 고모리 시케타카는 최종 결정 권한을 갖게 되면서, 처음 진행한 부분은 사진 관련 사업에 대한 구조개혁 단행이었습니다. 구조개혁 과정에서 가장 염두해 둔 것은 '21세기에도 후지필름이라는 회사를 일류기업으로 계속 남겨야 한다'는 것이었습니다. 2004년 2월에 '비전 75'를 발표하면서 수요와 균형을 이루도록 사업구조를 작게 바꿔나가는 작업을 시작했습니다. 이러한 발표 열흘 전 일본 내 경쟁사였던 코니카미놀타가 필름 사업에서 완전 철수한다고 발표했기 때문에, 사람들은 "결국 후지필름도 끝났구나"라고 생각했습니다. 구조조정은 누구도 하고 싶지 않은 일입니다. 하지만 결국 해야 하는 것이라면 신속하게 진행해야 합니다. 우물쭈물하는 동안 회사는 점점 체력을 잃기 때문입니다.

이 순간에서 리더십이 빛을 발하게 됩니다. 기존의 모든 것을 포기하고 새롭게 태어나는 후지필름을 만드는 일입니다. 고모리 회장은 "본업이 계속 잘됐더라면 다른 것을 할 필요가 없었을지 모른다. 자동차 회사가 자동차가 잘 팔리고 판매가 늘어날 때는 자동차에만 집중하면 되는 것 아닌가. 하지만 자동차가 안 팔리는 상황이 오면 어떡하나. 자, 그럼 이제 무엇을 할까의 문제인 거다."라고 말하면서 "안 해본 것이지만 지금 우리 능력과 연결되는 부문에 온 힘을 기울여 해봅시다"라고 직원들을 독려합니다.

가장 먼저 기술 부서에 후지 필름이 가진 모든 기술을 파악해 보라고 지시합니다. 그리고 후지필름이 가진 기술을 신기술과 기존기술로 나누고 타깃할 시장을 신규시장과 기존시장으로 나누어서 4분면으로 매칭해 봅니다. 그리고 4분면 시장-기술 분석을 통해, 다음 질문들을 던지게 됩니다.

① 기존 기술 가운데 기존 시장에서 우리가 적용하지 않은 것은 없는가?
② 새로운 기술로 기존 시장에 적용할 것은 없는가?
③ 기존 기술로 새로운 시장에서 적용할 것은 없는가?
④ 새로운 기술로 새로운 시장에 적용할 것은 없는가?

그러면서 납득할 수 있는 답이 나올 때까지 고민을 거듭하며 최종적으로 각 분면에 주력할 제품을 선정하게 됩니다. 부족한 기술은 그 흐름에 가장 적합한 기술력을 가진 회사를 인수·합병 (M&A)하는 방식을 선택 했습니다. 이러한 과정에서도 후지필름이 갖고 있는 노하우와 시너지를 낼 수 있는지도 면밀한 검토를 지시 합니다.

결과는 어땠을 까요? 후지필름는 화학 기반의 회사이기 때문에 회사가 가진 기술력을 의약품, 화장품 그리고 고기능 재료로 불리는 다양한 분야에 충분히 응용할 수 있는 가능성을 가지고 있었습니다. 고모리 CEO에게 있어서는 상품을 만들 수 있냐, 없냐가 아닌, 회사의 핵심 기술이 지속적인 성장이 가능한 기술 인지가 중요한 기준이었습니다. 이러한 신규 사업을 추진함에 있어서, 외부 컨설팅 보다는 직원 스스로 철저한 고민을 하게 한 부분도 그의 리더십을 빛나게 만들었습니다.

사진필름의 주된 원료는 콜라겐입니다. 후지필름은 그 콜라겐을 사진필름 기술 개발을 통해 80년 넘게 연구해 오면서 쌓인 노하우를 안티에이징 화장품에 적용했습니다. 또 후지필름이 보유한 나노 단위의 미세 물질을 만드는 기술을 이용하여 물에 녹지 않는 천연 항산화 성분을 필요한 부위에 효율적으로 흡수시키는 화장품을 출시하기도 했습니다.

후지필름은 화장품 사업(2007년)에 이어 제약 사업(2008년)에 본격적으로 진출하게 됩니다. 의약품 개발에서는 병에 잘 듣는 약을 개발하기 위해 화합물을 찾거나 약이 인체에 잘 흡수되는 방법을 찾는 등 R&D 사업에 사할을 걸었습니다. 결국 저비용으로 고품질 약품을 생산하는 것이 경쟁력의 관건인데, 이 부문에서 후지필름은 그들이 보유한 나노 기술을 활용하여 효과적인 약 흡수가 가능한 고분자 약품을 개발하는데 성공하게 됩니다.

위기를 헤쳐나가는 것은 경영자의 의지에서 비롯되지만, 의지를 조직 구석구석에 전파시켜 위기감을 공유하고 사원 각자가 자각하게 해야 하는 일은 조직의 모든 구성원들의 역할입니다.

리더는 한정된 시간과 정보만으로 기업이 처한 상황을 파악해 내야만 합니다. 정보 파악을 습관화하여 판세의 변화를 읽어내야 합니다. 누군가가 읽어내기 전에 먼저 읽어내지 않으면 리더의 가치는 없다고 해야 할 것입니다. 이렇게 모든 상황의 파악이 끝난 후에는 전략에 대한 구상이 필요합니다. 즉, 어디로 갈 것인지, 무엇을 할 것인지 작전을 짜야 합니다. 마지막으로 훌륭한 리더는 이러한 전략을 구성원에게 제대로 전달해야 합니다. 어떤 곤란한 상황에 빠져도 '이렇게 하면 된다'고 올바른 길을 제시해 주고 이끌어가게 되면 직원들은 견디고 계속 노력할 수 있기 때문입니다.

누군가가 모두를 이끌고 갈 수밖에 없었다

★

팔려야 산다

마케팅 모르면 대박도 없다

PART. IV

★

마케팅 모르면 성공은 없다

대부분의 사람들은 스타트업의 성공이 번뜩이는 아이디어에 달려 있다고 생각합니다. 하지만 스타트업을 성공으로 이끄는데 절대 간과해서는 안될 요소는 바로 마케팅입니다. 여기에서는 쉬워보이지만 실제로는 적용하기 어려운 마케팅의 기본적인 것들에 대해서 설명하고자 합니다. 부담 갖지 마시고 그대로 따라와 주시기 바랍니다. 그러면 어렵게만 느껴지던 마케팅을 어느덧 쉽게 적용할 수 있을 것입니다.

내가 강아지 사료를 산다고 가정해봅시다. 나는 강아지 주인으로서 사료의 품질, 가격 등 어느 사료가 가장 좋을지 비교해봅니다. 가장 맛있어 보이는 사진이 담긴 포장 디자인을 보거나 강아지가 좋아한다는 광고 문구도 유심히 봅니다. 이러한 고민의 과정을 거쳐 내가 가장 좋다고 생각하는 사료를 선택할 것입니다. 하지만 그 사료를 강아지가 잘 먹지 않는다면 어떻게 될까요? 나는 내가 좋아하는 사료를 고르지 않고 강아지가 좋아할 만한 다른 사료를 찾게 될 것입니다. 여기에서 사료를 사주는 강아지 주인인 내가 구매자이고, 사료를 직접 먹는 강아지가 소비자입니다.

이처럼 마케팅은 구매자와 소비자를 구분하여 누구에게 팔 것인지를 가장 먼저 생각하는 것으로부터 시작하면 됩니다. 여기에서 구매자와 소비자를 구분하는 것이 어렵다고 느껴질 수도 있을 것입니다. 조금 더 이해하기 쉽도록 다음의 경우를 생각해봅시다.

어느 어린이가 부모에게 닌텐도 게임기를 사 달라고 조르고 있습니다. 부모는 게임기를 사더라도 게임을 할 생각이 없습니다. 하지만 어린이 때문에 게임기를 살 것입니다. 여기에서 실제로 게임을 하는 사람은 게임기를 사준 부모가 아니고 어린이입니다. 게임기 회사가 많은 수익을 내기 위해서는, 실제 게임을 하는 어린이가 어떠한 게임을 좋아하는지 파악하고 이를 반영하여 게임기를 만들어야 합니다. 이 경우 게임기를 산 부모가 구매자이고 게임기를 직접 사용하는 어린이가 소비자입니다. 물론 어른들도 게임을 하기 위해 게임기를 사지 않겠느냐 라는 생각을 할 수도 있습니다. 이는 구매자와 소비자가 같은 경우입니다. 이처럼 구매자와 소비자는 같은 사람일 수도 또는 다른 사람일 수도 있습니다. 물론 강아지 사료의 경우처럼 소비자는 동물일수도 있습니다.

항상 고객의 입장에서 생각하라는 말을 많이 들어 봤을 것입니다. 여기에서 고객은 구매자와 소비자를 한꺼번에 일컫는 말입니다. 말장난처럼 보일수도 있겠지만 고객을 생각할 때 구매자와 소비자의 차이를 구분하는 것은 중요합니다. 이 차이를 알 수 있다면 누구에게 제품을 팔아야 할지를 명확하게 알 수 있습니다. 결국 기업은 구매자보다 소비자가 필요로 하는 것을 팔면 됩니다. 누구에게 제품을 팔아야 할지를 알고 나면, 그들이 어디에 있는지는 찾기 쉬울 것입니다.

그런데 제품을 팔기 전 반드시 확인해야 할 사항이 있습니다. 제품을 팔기 전에 무엇보다도 고객이 무엇을 필요로 하는지에 대해서 알아야 합니다. 스마트폰 광고를 보면 기능에 대해서만 소개하는 것으로 끝나지 않습니다. 삼성 갤럭시 광고에서는 여행을 가서 갤럭시로 사진을 찍으면서 그 순간을 간직합니다. 애플 아이폰 광고에서는 아이폰으로 음악을 들으면서 길을 가다가 소중한 인연을 만납니다. 이러한 광고들은 모두 자사 제품의 기능을 이용한다면 더 좋은 경험을 할 수 있다는 것을 강조하고 있습니다.

올겨울, 살짝 흔들려 볼까요?

 고객은 제품을 사는 것이 아니라 경험을 사기 때문입니다. 이 것은 일반 개인을 대상으로 하는 제품을 판매하는 것에만 적용되 는 것은 아닙니다.

 개인이 아닌 기업을 대상으로 제품을 판매하는 사업에도 동일 하게 적용됩니다. 만약 내가 병원을 대상으로 의료장비를 판매하 는 사업을 하고 있다고 가정해봅시다. 여기에서 다시 고객을 구매 자와 소비자로 구분할 수 있습니다. 의료장비의 구매자는 병원이 고, 소비자는 의료장비를 직접 사용하는 의사들입니다. 의료장비 를 병원에 팔기 위해서는 병원의 구매팀에게 부탁하면 되는 것일 까요? 눈치챘겠지만 그렇지 않습니다. 의사들이 의료장비 구입에 대해 구매팀에 요청하도록 만들어야 합니다. 이렇게 소비자인 의 사들이 내 의료장비를 필요로 할 수 있도록 해야 합니다. 이것은 기업을 대상으로 제품을 판매하더라도 소비자가 느낄 수 있는 것을 보여줘야 한다는 것을 의미합니다. 의사들이 내 의료장비를 사용했을 때 좋은 경험을 할 수 있도록 해야 합니다. 내가 활용할 수 있는 경쟁우위가 무엇인지를 안다면 소비자에게 더 좋은 경험을 줄 수 있습니다.

★

나의 '무엇'을 '어떻게' 팔아야 할까?

일반적으로 금연 캠페인은 담뱃갑에 흉측한 폐암 사진을 보여줍니다. 하지만 그러한 사진 때문에 담배 판매가 줄었다는 뉴스는 없었습니다. 담배가 몸에 해롭다는 것을 모두가 알고 있음에도 불구하고 금연 캠페인의 효과가 거의 없는 이유는 무엇일까요? 그 이유는 내 주변에서는 일어날 수 없는 일들로 느끼고 있기 때문입니다.

이성적으로는 흡연이 건강에 나쁘다는 것을 알고 있지만 마음으로는 먼 나라의 이야기로 받아들이고 있는 것입니다. 만약 남의 이야기가 아니라 언제든 나의 이야기가 될 수 있다는 것을 보여준다면 어떻게 될까요? 아마도 금연에 대해 마음속으로 훨씬 와 닿을 것입니다. 오래 전에 그 당시 유명한 코미디언 이주일씨가 금연 광고를 한 적이 있었습니다.

이주일씨는 본인이 흡연으로 인하여 암투병하고 있는 모습을 보여줌으로써 국민적인 공감을 얻었습니다. 항상 방송을 통해 보면서 친숙한 코미디언이 흡연의 피해자로서 금연을 간곡하게 부탁했기 때문입니다. 이러한 금연 캠페인은 많은 사람들에게 금연을 결심하도록 만들었습니다. 환경 캠페인도 마찬가지입니다. 환경 캠페인에 가장 영향을 받지 않는 세대가 노인 세대라고 합니다. 노인들의 경우 좋은 환경을 경험할 인생이 얼마 남지 않았기 때문입니다. 노인들에게 환경 캠페인을 효과적으로 하려면 어떻게 해야 할까요? 손자손녀를 대상으로 하면 됩니다. 환경이 파괴되면 사랑하는 손주들이 최악의 환경에서 삶을 살것이라는 위기의식을 강조하는 것입니다. 애지중지하는 손자손녀들에게 피해를 주고자 하는 노인들은 없겠지요. 이처럼 제품을 팔기 위해 의사소통을 할 때에는 고객이 중요시하는 것에 집중하여 이야기해야 합니다. 제품을 파는 기업 입장에서만 말하면 효과 없는 경우가 대부분입니다.

중국 우한 폐렴으로 알려진 COVID-19 바이러스로 전 세계가 어려움을 겪고 있습니다. 서울특별시에서는 바이러스를 예방하기 위해 마스크 착용 캠페인을 하였습니다. 캠페인용 포스터를 보면 대비되는 두 사람이 있습니다. 한 사람은 마스크를 쓰고 소파에서 책을 읽고 있지만, 다른 사람은 수술실에서 산소 호흡기 달고 누워 있습니다. 그러면서 일반 마스크나 산소호흡기용 마스크 중 어느 것을 쓰겠느냐고 질문합니다. 서울에서 마스크 착용이 의무화되는데 건강을 지키기 위한 것이라는 것을 잘 보여주고 있습니다.

서울특별시 마스크 의무화 포스터

야 너도 대표될 수 있어

이 포스터를 봤을 때 무언가 무서운 느낌이 들기도 할 것입니다. 잘은 모르겠지만 마스크를 안 쓰면 당장 산소호흡기를 달 것 같기도 합니다. 잘 만든 캠페인 포스터이지만, 역시 나에게는 이러한 일이 일어나지 않을 것 같습니다. 캠페인을 할 때에는 "설마 이런 일이 나에게 생기겠어?"라는 생각이 무의식적으로 들지 않도록 해야 합니다. 내 주변에서도 바로 일어날 수 있는 일이라는 이야기를 전달 할 때 소비자는 비로소 관심을 가지게 됩니다.

지금까지 마케팅을 '누구에게' 할 것인지부터 시작하여, 고객에게 '무엇을' '어떻게' 전달해야 하는지에 대해 알아보았습니다. 즉, 마케팅의 과정은 '누구에게, 무엇을, 어떻게'의 순서로 진행하면 됩니다. 이제부터는 본격적으로 마케팅에 대해 상세히 살펴보도록 하겠습니다. 마케팅적 관점에서 내 사업을 시작한다면 성공 가능성을 더욱 높일 수 있을 것입니다.

소비자가 원하는 것은 무엇일까?

어떤 사람이 새 집으로 이사를 가서 멋진 액자를 벽에 걸려고 합니다. 그런데 벽이 콘크리트 벽이라서 망치로 못을 박을 수가 없습니다. 그래서 벽에 구멍을 뚫기 위해 어떤 전동 드릴이 좋을지 알아보고 있는 상황입니다. 이 경우 이 사람은 소비자로서 무엇을 원하고 있을까요? 좋은 전동 드릴을 주면 이 소비자를 만족시킬 수 있을까요? 조금만 더 근본적으로 소비자가 원하는 것을 생각해봅시다. 결국 이 사람이 원하는 것은 전동 드릴이 아니고 벽에 구멍을 뚫는 것입니다. 드릴은 구멍을 뚫기 위한 수단일 뿐입니다. 이 소비자가 원하는 것을 다시 말하면, 전동 드릴이라는 '제품'보다 벽에 구멍을 뚫는 '해결방안'입니다. 결국, 제품보다 더 중요한 것은 소비자입니다. 그리고 소비자는 '해결방안'을 원합니다. 소비자가 해결하고 싶어하는 문제를 해결해 줄 수 있는 제품을 판다면 그 사업은 성공할 수밖에 없습니다.

엘지전자와 삼성전자에서 화면이 곡면으로 휘어 있는 스마트폰을 출시했었습니다. 엘지전자에서는 폰이 상하로 휘어 있는 LG G Flex 폰을, 삼성전자에서는 좌우로 화면이 휘어 있는 삼성 라운드 폰Samsung Round을 출시하였습니다. 두 기업 모두 스마트폰을 볼 때 집중도를 높이고 잘 보인다고 대대적으로 광고를 하였습니다. 하지만 결과는 잘 팔리지 않았습니다. 그 이유는 '해결방안'이 없었기 때문입니다. TV나 모니터처럼 큰 화면에서는 휘어져 있는 화면이 집중도를 높여줄 수도 있습니다. 하지만 기껏 커봐야 손바닥 사이즈의 화면의 스마트폰에서 휘는 화면은 굳이 필요가 없습니다. 게다가 가격도 상대적으로 높았기 때문에 소비자들에게 외면당했습니다.

많은 기업들이 제품을 처음 선보일 때 '세계 최초', '혁신'이라는 단어를 사용하여 홍보를 합니다. 처음에는 이러한 것들이 대단하게 보일 수도 있습니다. 하지만 소비자는 세계 최초나 혁신을 원하지 않습니다. 소비자는 문제가 해결되는 것을 원합니다. 이를 더잘 보여주는 사례가 다이슨Dyson 세탁기입니다. 다이슨은 2000년도에 CR01 Base라는 첨단 기술의 세탁기를 출시합니다.

다이슨이 세탁기를 판매했을 당시에 세탁기의 세탁시간은 1시간 정도였습니다. 다이슨은 세탁 시간이 20분 정도인 세탁기를 개발하여 판매했습니다. 일반 가정주부들을 대상으로 하였지만 판매는 부진하였습니다. 짧은 세탁시간이 그 당시 주부들의 일상적인 생활을 흔들어 놓았기 때문입니다. 가정주부들은 보통 세탁기에 빨래를 돌린 후 세탁기가 돌아가는 시간 동안 다른 일을 하거나 휴식을 취하고 있었습니다. 세탁시간이 줄어든다는 것은 그만큼 다른 일을 하거나 휴식할 시간이 줄어든다는 것을 의미하였던 것입니다. 인간이 가장 싫어하는 것 중 하나가 원래 자연스럽게 하던 행동이 뒤틀리는 것입니다. 다이슨은 이 점을 놓쳤습니다. 차라리 빨래방을 대상으로 해서 세탁기를 판매했다면 성공적인 제품이 될 수도 있었을 것입니다. 혁신적인 최첨단 기술이 적용된 제품이라 할지라도 소비자의 문제를 해결해주지 못한다면 아무 소용이 없습니다.

오히려 기술이 부족한 제품이 시장을 지배한 사례가 있습니다. 운동할 때 이어폰을 끼고 음악을 들으며 운동하는 사람들을 많이 봤을 것입니다. 그런데 이어폰을 끼고 운동하면 귀 속에 습기가 차서 귀지도 많아지고 불편함이 많습니다. 이런 점을 착안하여 트랙

에어^{TREKZ AIR}라는 기업에서 에프터샥^{Aftershokz} 골전도 블루투스 이어폰을 개발하였습니다.

에프터샥은 귀 속에 들어가는 이어폰이 아니고 귀에 걸치는 형태로서 골전도를 통해 음악을 들을 수 있게 해줍니다. 하지만 일반 이어폰과 비교하면 음질이 상대적으로 떨어집니다. 아쉽게도 일반 이어폰과 동일한 음질을 제공하기에는 기술력이 부족하였습니다. 그럼에도 불구하고 에프터샥은 출시되자마자 조깅을 많이 하는 미국인들에게 선풍적인 인기를 끌었습니다. 운동을 하면서 음악을 듣고 싶어하는 소비자의 가장 불편한 점을 해결해주었기 때문입니다. 운동할 때 땀이 나면서도 불편함을 감수하고 음악을 듣는 소비자들의 문제를 정확히 짚어 주었습니다. 결국 제품 성능이 조금 부족하더라도 소비자들이 가장 불편해하는 것에 대한 문제를 잘 해결해주면 성공적인 마케팅을 수행할 수 있습니다.

소비자의 문제를 어떻게 해결해줄까?

한 때 우리나라에서도 유명했던 비누가 있습니다. 바로 다국적 기업인 P&G에서 개발한 아이보리 비누^{IVORY Soap}입니다. 원래 비누는 물에 뜨지 못하는데 아이보리 비누는 제조과정에서의 실수로 우연히 물에 뜨는 비누로 개발된 것입니다. 당시 1920년대 미국에서는 욕조에서 물을 받아 놓고 목욕을 했습니다. 같은 물로 목욕하는 동안 탁한 물 속 바닥에 있는 비누를 찾기가 어려웠습니다. 심지어 비누를 밟고 미끄러져 다치는 경우도 많았습니다. P&G는 이를 놓치지 않고 소비자가 가장 아프게 느끼는 문제를 해결할 수 있다고 생각하였습니다. 실수로 생산된 아이보리 비누를 "물에 뜹니다"라는 문구를 넣어 대대적으로 광고하였습니다. 결과는 대성공이었습니다. 미국 소비자들이 가장 불편해하는 문제가 목욕할 때 비누를 찾는 것이었는데 이를 해결해 주었기 때문입니다.

그런데 소비자는 물에 뜨는 비누를 만들어달라고 P&G에 요청한 적은 없었습니다. 소비자는 가장 아파하고 불편해하는 부분에 대해 해결해 달라고 말하지 않습니다. 따라서 소비자가 원하는 가장 아픈 문제를 해결해주기 위해서는 소비자를 관찰해야 합니다. 소비자에게 묻고 그 말을 듣는 것 보다 소비자를 관찰하는 것이 더욱 중요합니다.

구강관리 제품 브랜드인 오랄비Oral-B와 디자인 회사인 아이디오IDEO가 협력하여 유아용 칫솔을 개발하였습니다. 아이디오에서는 소비자인 아이들이 이를 닦는 모습을 관찰하였습니다. 그 결과 손 근육이 덜 발달된 어린 아이들은 가는 칫솔대를 잡는 것이 쉽지 않다는 것을 알게 되었습니다. 또한 오랄비에서는 전동칫솔을 팔고 있었는데 유아들은 전동칫솔을 들고 사용하기가 어렵다는 것도 파악하였습니다. 이러한 관찰을 바탕으로 오랄비와 아이디오는 유아용 칫솔을 디자인하게 됩니다. 결국 어른 칫솔 대비 두껍고 유아가 손에 잡기 편한 칫솔을 개발하였습니다. 이것은 유아용 전동 칫솔 손잡이에도 적용하였습니다. 결국 오랄비는 유아용 칫솔로 시장에서 높은 점유율을 차지하게 되었습니다. 현재는 이러한 디자인이 표

준이 되어 다른 기업들도 이 디자인을 반영하여 유아용 칫솔을 생
산하고 있습니다.

변화하는 상황에서는 어떻게 해야 하나?

1996년에 CJ제일제당에서 즉석밥 제품인 햇반을 출시했습니다. 그 당시에 좋은 이천 쌀로 만들었으며 간편하게 먹을 수 있다고 대대적으로 광고를 하였습니다. 하지만 햇반은 잘 팔리지 않았습니다. 햇반 개발 당시 맞벌이 가정 시대 도래에 따른 간편식을 선호할 것이라고 생각하였지만 보기 좋게 빗나간 것입니다. 동서양을 막론하고 과거로부터의 인류는 남성은 경제적 활동을 하고 여성은 집안 살림을 하는 역할을 하고 있었습니다. 이와 더불어 쌀밥이 주식인 우리나라의 경우 표면적으로 드러나지는 않았지만 여성은 정성껏 밥을 지어야 한다는 인식이 있었습니다. 그런데 햇반은 이러한 암묵적인 인류의 약속을 지키지 못하도록 만들었습니다. 여성의 입장에서도 정성이 없는 밥을 남편과 자녀들에게 제공한다는 것은 마음 불편한 일이었습니다. 맞벌이 시대가 오면서 변화가 왔지만 변화에는 항상 저항이 생깁니다. 이러한 저항을 어떻게 극복할 것인가를 생각하는 것은 중요합니다. CJ제일제당은 햇반의 초기 판매부진을 보고 햇반의 판매전략을 수정하였습니다.

햇반은 바쁜 엄마가 정성껏 밥을 하는 것도 중요하지만 밥을 하는 시간 대신에 가족을 위해 귀중한 시간을 더욱 활용할 수 있다는 이미지를 주었습니다. 광고에서 엄마는 학원 앞에서 수험생 자녀를 데리러 가면서 남편에게 늦을 것 같다고 문자를 보냅니다. 당시 애인 같은 아내 이미지로 인기가 높았던 윤정 여배우를 광고모델로 하여 밥을 직접 하지 않고도 엄마의 역할을 충실히 하는 컨셉을 보여주었습니다. 또한 햇반은 밥을 대체하는 비상식량이라는 이미지도 주었습니다. 이렇게 햇반의 컨셉을 변경하자 햇반은 잘 팔리게 되었습니다. 햇반은 연구실에서 수많은 시행착오를 거쳐 개발되었습니다. 하지만 제품 자체의 품질보다는 변화에 대한 반발에 대해 시장을 읽고 극복하는 것이 더 필요했다고 볼 수 있습니다.

모두 변화 속에서 많은 기회가 있다고 말합니다. 건조기도 변화에 따른 기회를 잡은 사례입니다. 중국으로부터 유입되는 발암

성 물질인 미세먼지로 우리의 생활도 변화되었습니다. 특히 봄과 겨울에는 미세먼지가 심하여 창문을 열기가 부담스럽고 공기청정기도 이제는 집안 필수 가전이 되었습니다. 이러한 상황에서 기업들은 건조기의 필요성을 부각시키기 시작하였습니다. 그렇지만 집안에 빨래를 널면 되는데 굳이 전기요금 많이 나가는 건조기를 쓸 필요성을 인식시키기가 쉽지 않았습니다. 이에 기업들은 미세먼지가 많은 환경에서 가족의 위생을 위해 살균 및 먼지 제거해주는 건조기가 필요하다고 광고하였습니다.

실제로 건조기를 구입한 소비자들은 건조기를 돌렸을 때 빨래에서 빠진 먼지를 눈으로 확인할 수 있었습니다. 이만큼 먼지가 빠졌다는 인증샷을 공유하는 경우도 많았습니다. 하지만 원래 옷에는 먼지가 있기 때문에 항상 어느 정도의 먼지는 발생하는 것이 당연합니다. 그렇지만 이를 소비자가 바로 볼 수 있도록 제품을 만들었습니다. 이처럼 변화의 시기에 기회를 잡기위해서는 소비자가 인식하지 못한 부분을 알게 함으로써 소비자가 필요성을 느끼게 해야 합니다.

또한 변화의 시기에는 빠른 대응도 중요합니다. 코닥^{Kodak}은 사진 분야에 뛰어난 기술력을 가지고 있었습니다. 코닥은 디지털 카메라가 보급되기 전에도 이미 상대적으로 앞서 있는 디지털 카메라 기술을 가지고 있었습니다. 1975년에 코닥의 엔지니어인 스티브 새슨^{Steve Sasson}이 세계 최초로 디지털 카메라를 개발했습니다. 그후 1977년에 디지털 카메라 기술을 특허 출원까지 합니다. 하지만 그 당시 아날로그 사진에 비해 디지털 사진의 해상도가 낮다는 이유로 디지털 카메라 출시를 미루고 있었습니다. 물론 필름 카메라의 세계 최강자로서 디지털 카메라의 필요성을 느끼지 못하고 있었던 것도 출시 지연의 다른 이유로 볼 수 있습니다. 코닥이 망설이고 있는 동안 소니^{SONY}는 1981년에 최초의 상용화된 보급형 디지털 카메라인 마비카^{MAVICA}를 먼저 출시합니다.

소니의 디지털 카메라 마비카

물론 소니의 마비카는 필름 카메라 대비 해상도가 떨어지는 카메라였습니다. 그럼에도 불구하고 소니는 이후 디지털 카메라 시장을 선점하게 됩니다. 이처럼 제품의 품질이 좀 떨어지더라도 일

야 너도 대표될 수 있어

단 출시하는 방법을 검토할 수 있습니다. 분명히 이러한 제품을 써줄 소비자도 있기 때문입니다. 그러기 위해서는 시장을 잘 관찰해야 합니다.

마케팅에 대해 공부를 하다 보면 가장 많이 접하는 단어는 무엇일까요? 그것은 다름아닌 '소비자'입니다. 모든 마케팅의 중심에는 '소비자'가 있어야 합니다. 어떤 소비자가 있는지, 소비자가 원하는 것은 무엇인지, 어떻게 소비자를 만족시킬 것인지에 대해 생각해야 합니다.

어떤 소비자가 있는지를 알기 위해 트렌드를 반영하여 소비자의 범위를 좁혀봅시다. 현재 강력한 구매력으로 새로운 소비집단으로 부상중인 소비자 계층은 바로 밀레니얼 세대입니다. 밀레니얼 세대는 1980년~2000년 초반에 출생한 세대를 말합니다. 밀레니얼 세대는 집단보다는 개인의 생활하는 방식과 개성을 중요시하는 경향이 있습니다. 소비방식을 바꾸고 있는 밀레니얼 세대를 이해하고 이들을 잘 공략해야 기업은 살아남을 수 있습니다. 그들은 어린 시절부터 인터넷이나 모바일 기기 등 IT 기술에 친숙합니다. 특히 실시간으로 스트리밍되는 모바일 환경에 익숙해지면서 소유를 중요시하는 기존의 X세대, Y세대와는 다르게 직접 경험하는 것을 더욱 원하고 중요하게 생각하고 있습니다.

그렇다면 이러한 트렌드가 생긴 근본 원인은 무엇일까요? 그 중심에는 애플의 아이폰이 있습니다. 조금 더 구체적으로 말하면, 아이폰은 다양한 종류의 앱 작동을 가능하게 하는 최초의 스마트폰으로서 이러한 트렌드를 가져왔다고 볼 수 있습니다. 아이폰 출시 당시 아이폰 때문에 많은 어려움을 겪은 기업 중 하나는 미국의 대형 슈퍼마켓 브랜드인 월마트였습니다. 미국의 소비자들은 아이폰 출시 이후 월마트를 방문하더라도 월마트에서 직접 물건을 사지 않았습니다. 아이폰의 카메라를 이용하여 제품 바코드를 스캔 후 아마존에서 그 제품을 검색하여 가장 싼 가격으로 구매하였습니다. 얼마 지나지 않아 단 한번의 클릭만으로 원하는 제품을 구입할 수 있게 되었는데, 이런 측면에서 본다면 아이폰 출시에 따른 가장 큰 수혜자는 아마존이라 할 수도 있겠습니다. 이처럼 스마트폰과 같은 개인용 휴대기기의 등장으로 소비자들은 장소에 얽매이는 일이 없어지게 되었습니다.

스타벅스의 경우 음료 주문시에 사람들이 몰려 줄을 서야하는 경우가 많았습니다. 스타벅스는 주 소비계층인 밀레니얼 세대가 줄 서는 것을 특히 더 불편해한다는 사실을 알았습니다. 이를 해결하기 위해 사이렌 오더Siren Order를 개발하여 도입하였습니다. 사이렌 오더는 스마트폰의 앱으로 미리 음료주문을 하고 음료가 나오면 역시 앱으로 알려주기 때문에 줄을 서야하는 필요가 없어졌습니다.

과거에는 DVD나 블루레이 디스크를 통해 영화나 드라마를 개인이 소장하는 것이 트렌드였습니다. 하지만 스트리밍 기술이 발전하는 트렌드를 활용하여 실시간으로 영화 등 볼거리를 제공하는 기업이 크게 성장하게 되었습니다. 바로 넷플릭스입니다. 이처럼 많은 부분에 있어 '소유'하는 것이 아닌 '소비'하는 트렌드로 변화되었습니다.

페이스북이나 인스타그램 등의 SNS를 많은 사람들이 이용하고 있습니다. SNS를 이용하는 사람들은 내가 인기있고 관심 받는 것을 가장 중요하게 생각합니다. 내가 좋아하는 제품을 사용하는 모습을 SNS에 올린다 하더라도, 중요한 것은 제품이 아니고 나 자신입니다. 따라서 기업은 과거 기준으로 기업입장에서 바라보고 소비자와 의사소통해서는 안됩니다.

나이키 운동화를 해외 직구로 구입했는데 운동화에 불량이 발견되었습니다. 소비자는 백화점이나 근처에 있는 나이키 매장으로 가서 불량품에 대한 해결을 요구합니다. 나이키 매장에서 이러한 소비자의 불만사항을 들었을 경우, 과거에는 이 매장에서 구입하지 않고 해외직구로 샀기 때문에 불량품 처리가 어렵다고 말하면 소비자는 수긍하고 돌아갔습니다. 하지만 이제 그러한 방식은 통하지 않습니다. 같은 나이키에서 생산한 제품인데 해외 직구와 관계없이 유통경로는 중요하지 않다고 소비자는 생각하고 있습니다. 기업이 소비자를 통제하는 시대는 지났습니다. 소비자 입장에서 소비자를 어떻게 하면 만족시킬 것인가를 지속적으로 고민하는 기업만이 살아남을 수 있게 되었습니다. 더군다나 스타트업은 밀레니얼 세대, 기술발전, 소비자의 변화 등의 트렌드를 재빠르게 반영해야 하며, 이러한 마인드를 가진 기업만이 지속적으로 성장할 수 있습니다.

마케팅 전략

여기까지 읽고 이해하셨다면 실무적인 마케팅의 기본에 대해 어느 정도 이해했다고 자부심을 가져도 됩니다. 이제부터는 본격적으로 마케팅 전략 수립에 대해 알아보겠습니다.

　마케팅 전략은 미션[Mission]부터 시작합니다. 갑자기 미션이라는 말이 나오니 무의식적으로 어려워지고 외워야 할 것 같은 느낌이 들 것 같습니다. 미션은 '사명'으로 이해하면 됩니다. 사명은 '존재의 이유'입니다. 이러한 미션은 기업이 존재하는 동안 절대 변하지 않는 존재의 이유입니다. 내가 창업한 기업의 존재 이유는 무엇인지에 대해 창업하기 전부터 확정해야 합니다. 짐 콜린스[Jim Collins]는 자신의 저서 〈좋은 기업에서 위대한 기업으로(Good to Great)〉에서 좋은(Good) 기업과 위대한(Great) 기업의 차이는 미션이 있느냐 없느냐의 차이라고 말합니다. 즉, 기업의 존재가치를 명확하게 인지하고 그것을 위해 일관되도록 노력하는 기업이 위대한 기업이 된다는 뜻입니다.

미국 미테소타 로체스터에는 세계적으로 유명한 마요 클리닉 Mayo Clinic 이 있습니다. 이 병원은 미국 내에서도 존스홉킨스병원과 함께 의료 분야에서 쌍 벽을 이루고 있습니다. 마요 클리닉의 전략 선언문을 보면 다음과 같습니다.

○ 최고의 가치: 환자의 요구사항이 최우선입니다.
○ 미션: 통합된 임상 실습, 교육과 연구를 통해 모든 환자들에게 최고의 치료를 제공함으로써 희망을 고취시키고 건강과 복지에 기여합니다.
○ 핵심사업: 통합된 지식을 생성하고 연결 및 적용하여 최고의 건강관리, 건강 안내 및 건강 정보를 제공합니다.

결국 마요 클리닉의 미션이자 존재 이유는 환자들을 잘 치료하여 건강하게 하는 것입니다. 그런데 단순히 환자들을 잘 치료하는 것 만이 미션은 아닙니다. 꾸준한 임상 실습, 환자 교육 및 연구를 통하여 환자를 잘 치료할 수 있도록 계속 노력해야 합니다. 실제로 마요 클리닉에서는 환자를 치료하는 것 뿐만 아니라 교육 프로그램도 많이 있습니다. 교육을 통하여 환자 스스로가 병을 빨리 알 수 있다면 더욱 적합한 치료를 받을 수 있습니다. 마요 클리닉은 안경 사업을 하고 있었지만 이러한 미션과 맞지 않았기 때문에 결국 안경 사업을 포기하게 됩니다. 1889년에 처음으로 개원한 마요 클리닉은 존재의 이유인 미션과 일맥상통하는 사업을 하기 위해 노력해 왔습니다. 현재 이 병원은 세계적으로 유명할 뿐만 아니라 미국 내에서도 환자들이 가장 신뢰하는 병원이 되었습니다.

이제 미션을 이해했습니다. 다음 단계는 '비전'입니다. 비전^{Vision}은 기업의 이상적인 미래의 모습을 보여주는 것입니다. 기업 존재의 이유가 미션이라면, 그렇게 존재하기 위해서는 어떠한 형태의 기업이 되어야 하는가에 대해 정의한 것이 비전입니다. 마요 클리닉의 존재 이유인 미션은 환자를 잘 치료하는 것입니다. 그렇다면 마요 클리닉은 어떠한 모습이 되어야 환자를 잘 치료할 수 있을까요?

○ 비전: 마요 클리닉은 의료 분야에서 가장 신뢰할 수 있는 파트너로서 비교할 수 없는 경험을 제공할 것입니다.

그것은 앞에서 보았던 전략 선언문에 위와 같이 나와 있습니다. 환자를 잘 치료하겠다는 미션을 이루기 위해 마요 클리닉이 되고자 하는 모습은 신뢰할 수 있는 파트너입니다. 이를 통하여 마요 클리닉은 모든 임상 실습, 환자 교육 및 연구를 할 때 환자들에게 신뢰를 얻기 위해 노력할 것이라는 짐작을 할 수 있습니다. 마요 클리닉이 세계적으로 유명한 병원이 된 이유도 여기에 있습니다. 많은 병원들이 의사 중심으로 진료하는 것과는 반대로 철저하게 환자 중심으로 진료를 하고 있습니다. 경험이 많은 의사일수록 오히려 더 많이 진료를 보고 있으며, 의사들이 환자들과 직접 소통하는 SNS도 운영하고 있습니다.

이렇게 미션 및 비전과 연계된 마요 클리닉의 차별화된 환자 중심 의료 서비스는 전 세계에서 환자들이 찾아오게 만들었습니다. 미션 및 비전을 확실하게 했다면, 이와 연계하여 여러가지 분석을 해야 합니다. 첫째로 내가 창업한 회사, 둘째로 나의 제품을 사줄 소비자, 셋째로 나의 경쟁자에 대한 연구가 필요합니다. 이와 더불어 정치적, 법적, 경제적, 사회적, 문화적, 기술적 등의 환경에 대해서도 파악해야 합니다. 이렇게 하면 끊임없이 변화하는 환경에서 기회를 활용할 수 있도록 회사를 그때그때 변화시킬 수 있습니다.

우선 내가 창업한 회사, 즉 나 자신에 대한 분석에 대해 생각해봅시다. 나 자신의 분석이라는 것은 내 회사가 가장 잘하는 것은 무엇인지를 잘 아는 것입니다. 애플이 가장 잘 하는 것은 전자제품에 있어서 혁신적인 디자인과 신기술을 통합하는 능력입니다. 아이팟, 아이폰 및 아이패드는 애플의 이러한 능력을 잘 보여줍니다. 쓰리엠^{3M}은 빠른 프로세스가 강점입니다. 소비자가 만족하는 다수의 제품들을 매년 새롭게 생산하는 프로세스를 가지고 있습니다. 이 프로세스를 이용하여 경쟁자보다 한 박자 더 빠르게 제품을 출시합니다. 투자를 잘 받거나 원래 자금이 풍부한 것도 강점이 될 수 있습니다.

전 세계에서 베스트 셀러가 되고 있는 책들 중에서 가장 많은 주제는 무엇일까요? 사랑? 여행? 자기개발? 그것은 바로 '동기부여'입니다. 스티브 잡스는 "애플의 동기부여는 애플 자신(Apple itself)"이라고 하면서 애플의 구성원들에게 세상을 바꾸는 힘을 주겠다고 했습니다. 그는 애플의 구성원들에게 다음과 같이 말했습니다. "똑똑한 사람들을 채용하고 무엇을 해야 하는지 알려주는 것은 말이 안됩니다. 우리는 무엇을 해야 할지 우리에게 말해줄 수 있는 똑똑한 사람들을 채용합니다."

스티브 잡스의 리더십은 구성원들에게 동기부여를 잘 해주었다는 강점이 있었다고 합니다. 그는 미션과 비전을 구성원들과 공유하는 법을 잘 알고 있었고 이를 통하여 구성원들에게 적절하게 동기부여를 해주었습니다. 이렇게 조직 관리를 잘하거나 훌륭한 조직문화를 가지고 있어서 구성원들을 동기부여 시키는 것은 매우 중요한 역량입니다.

둘째로 소비자에 대해 파악하는 것입니다. 다른 말로 하면 '정보'라고 할 수 있습니다. 나폴레옹은 "전쟁은 90%가 정보이다."라고 말하며 정보의 중요성을 강조하였습니다. 소비자를 파악하기 위해서는 소비자에 대한 정보를 얻는 것이 중요합니다. 소비자 정보에 대한 분석을 하는 방법과 도구는 여러가지가 있겠지만 빅데이터의 등장은 과거보다 더 정밀하고 통찰력 있는 정보의 획득을 가능하게 해주었습니다. 또한 소비자 각각에 대해 기존보다 효율적으로 맞춤형 전략을 설계할 수 있게 되었습니다.

남성들이 건강보조식품을 먹는 이유에 대해 알아본다고 가정해봅시다. 개인차가 있겠지만 주로 미국 남성의 경우 본인이 다른 사람들에게 잘 보이고 싶은 욕구 때문에 건강보조식품을 먹습니다. 하지만 한국 남성은 좋은 가장이 되기 위해 먹는다고 합니다. 따라서 단순하게 행동만을 연구한 데이터를 가지고는 정확한 정보를 알아내기 어렵습니다. 빅데이터와 함께 인간의 지식과 경험이

교차하는 지점에서 비로소 정보를 얻을 수 있습니다. "팔만대장경도 그 가치에 대해 모르면 빨래판에 불과하다"라는 말도 있습니다. 데이터가 아무리 많아도 정보의 의미를 찾는 것이 중요합니다. 그리고 정보를 선택적으로 잘 활용할 수 있어야 합니다. 데이터가 많아질수록 내가 원하는 정보만 보게 되기 때문입니다. 누군가를 싫어한다면 이상하게도 그 사람의 좋지 않은 모습만 보게 되는 것과 같은 원리입니다.

또한 회사를 창업한 회사의 리더로서, 소비자를 잘 파악하기 위해서는 직접 소비자를 만나고 경험해야 합니다. 영국의 대형 마트 체인인 테스코^{TESCO}의 CEO인 테리 리히^{Terry Leahy}는 일주일에 이틀은 매장을 직접 방문하여 구성원과 고객들을 직접 만나고 있다고 합니다. 이처럼 시장에 밀착하여 소비자를 파악해야 합니다.

마케팅 리서치^{Marketing Research}라는 용어가 있습니다. 이는 회사가 직면하고 있는 특정 마케팅 상황과 관련된 데이터를 체계적으로 설계, 수집, 분석하는 것입니다. 마케팅 리서치는 객관적이고 정확하고 믿을 수 있으며 효율적인 비용으로 적절한 시기에 이루어져야 합니다. 하지만 마케팅 리서치가 쉽지는 않습니다. 자동차 회사에서 SUV를 판매하기 위해 시장 조사를 하는 상황을 상상해봅시다. 마케팅 리서치를 해보면 아이가 있는 가정의 젊은 가장이 SUV

를 선호할 것으로 분석될 수 있습니다. 그렇지만 실제 판매를 해보면 오히려 노인층에서 SUV를 더 많이 살 수도 있는 것입니다. 노인 입장에서는 SUV를 타는 것이 일반적인 세단보다 젊어보이고 활동적으로 보인다고 생각하기 때문입니다. 이처럼 마케팅 리서치를 할 때에는 무조건 설문조사 등으로 나타난 결과만을 믿어서는 안 됩니다.

스티브 잡스가 남긴 '혁신'에 대한 유명한 말이 있습니다. "고객에게 원하는 것이 무엇인지 물어보고 그것을 주려고 할 수는 없습니다. 당신이 그것을 만들 때 그들은 새로운 것을 원할 것입니다. 포커스 그룹Focus Group에 따라 제품을 디자인하는 것은 정말 어렵습니다. 많은 경우 사람들은 당신이 보여줄 때까지 무엇을 알지 못합니다. 저의 철학은 모든 것이 훌륭한 제품에서 시작된다는 것입니다. 그래서 저는 분명히 소비자의 말에 귀를 기울이는 것을 믿었지만, 소비자들은 내년에 일어날 다음 혁신에 대해서 말할 수 없습니다. 따라서 매우 주의 깊게 들어야 하지만 그 다음에는 숨겨야 합니다. 기술을 진정으로 이해하면서도 소비자를 진정으로 염려하는 사람들과 함께 숨어서 다음 혁신을 꿈꿔야 합니다. 모든 것이 훌륭한 제품에서 시작된다는 것이 저의 관점입니다."

여기에서 포커스 그룹은 비슷한 지식 및 경험을 가지고 있는

야 너도 대표될 수 있어

사람들이 모인 소규모 집단을 의미합니다. 마케팅 리서치를 할 때 이러한 포커스 그룹을 지정하여 여러가지 질문들을 통해 포커스 그룹의 의견을 듣는 경우가 많습니다. 스티브 잡스는 이러한 방식으로 소비자를 연구하는 것이 중요한 것은 맞지만 이를 통하여 혁신적 제품을 만들 수는 없다고 말하고 있습니다. 결국 마케팅 리서치는 소비자들의 말을 듣고 함께 경험하는 것이 당연히 중요하지만 그 위에서 시장을 읽는 것이 함께 동반되어야 합니다.

세 번째로 나의 경쟁자에 대한 연구입니다. 경쟁자는 현재의 경쟁자 뿐만 아니라 미래의 경쟁자가 될 수 있는 잠재적 경쟁자를 포함합니다. 해당 산업 내에서 그 경쟁자가 얼마나 매력적으로 소비자들에게 다가가고 있는지 알아야 합니다. 경쟁자의 목표, 전략, 역량은 무엇인지, 강점과 약점은 무엇인지, 경쟁자만의 특별한 역량은 무엇인지에 대해 파악하고 있어야 합니다. 또한 경쟁자를 대체할 수 있는 것들은 무엇이 있는지에 대해서도 검토해야합니다.

세계 최대 제국을 이룩하여 세계사에 한 획을 그었던 칭기즈칸은 경쟁자에 대해서 잘 알고 있었습니다. 무거운 투구와 갑옷을 착용하고 있는 경쟁자들을 보고 이를 격파할 수 있는 방법에 대해 고민하였습니다. 칭기즈칸 군대는 말을 이용한 기동성이라는 강점을 가지고 있었습니다. 칭기즈칸은 말을 타고 이동하면서 더 빨리 이동할 수 있도록 말에 싣는 짐의 무게를 최소화하였습니다. 또한 말을 타면서 싸움을 하는 동안 쉽게 떨어지지 않도록 말안장을 개조하였습니다. 또한 전장에서 병참부대를 아예 두지 않은 것으로도 유명합니다. 즉, 병사들 개개인이 마른 육포와 같은 비상식량을 자신의 말에 휴대하여 부대의 기동성을 최대로 높였습니다. 이렇게 함으로써 칭기즈칸의 군대는 움직임이 상대적으로 둔한 경쟁자들과의 싸움에서 백전백승 할 수 있었습니다.

STP 전략

마케팅 전략을 수립하기 위하여 미션 및 비전을 수립한 후 내 회사, 소비자, 경쟁자에 대해 분석을 하였다면, 그 다음 단계로 STP 전략을 수립하는 것이 있습니다. STP라는 말이 나와서 갑자기 어려워지는 것 같은데 그렇지 않습니다. STP는 그냥 마케팅 용어라고 생각하시면 되고 그 의미만 아시면 됩니다. STP의 뜻은 시장을 어떻게 쪼개고(Segmentation), 누구를 공략해야 하고(Targeting), 내 제품을 어떠한 이미지로 소비자들이 인식하도록 하는지 (Positioning)에 대한 것이라고 보시면 됩니다.

　마케팅을 시작하는 과정에 있어 가장 먼저 시작해야 하는 것은 무엇이었는지 기억나시나요? 그것은 '누구에게' 제품을 팔아야 할

지를 명확하게 해야 한다는 것이었습니다. 여기에서 '누구에게'에 해당되는 소비자는 모두 같을 수가 없습니다. 즉 소비자는 각각 필요로 하는 것들이 틀립니다.

시장을 쪼개어 보자 (Segmentation)

이제 내가 팔고자 하는 제품에 대해 소비자의 필요성을 기반으로 시장을 나누어 봐야 합니다. 이렇게 시장을 나누어 보면 구체적으로 어떤 소비자를 공략하면 내 제품을 잘 팔 수 있을 것인지 알 수 있습니다. 내가 가진 모든 것을 그 소비자에게 집중한다면 여러 소비자를 대상으로 노력하는 것 보다 훨씬 더 나의 제품을 잘 팔 수 있을 것입니다. 이를 요약하면, 먼저 소비자가 필요로 하는 것을 기반으로 시장을 나눈 후, 나를 가장 필요로 하는 소비자를 선택하고, 그 소비자에게 나의 모든 역량을 집중하는 것입니다. 이렇게 한다면 내가 나누어서 집중한 시장은 내가 선점하여 확실히 차지할 수 있습니다.

써 켄싱턴^{Sir Kensington's}이라는 영국의 식음료 회사가 있습니다. 써 켄싱턴은 그 당시 케첩시장을 지배하고 있었던 하인즈^{Heinz}를 넘어서기 위해 시장을 나누어 보았습니다. 그러고보니 하인즈에 만족하지 못하는 많은 소비자들이 나트륨 및 설탕 함유가 좀 더 낮은 케첩을 원한다는 사실을 알게 되었습니다.

써 켄싱턴 제품들 (출처: 써 켄싱턴 공식 페이스북)

이러한 소비자들에게 집중하기 위해 써 켄싱턴에 대한 이야기를 만들었습니다. 제품 로고에 있는 수염난 아저씨인 켄싱턴은 실제로 존재하는 인물이 아닌 만들어진 인물입니다. 허구의 인물인 써 켄싱턴은 동인도회사에 향신료 투자에 관여한 후 왕의 명령으로 케첩을 개발한다는 내용으로 꽤 그럴듯하게 이야기를 만들었습니다. 만들어진 이야기이지만 소비자들은 써 켄싱턴이 좋은 재료를 이용하여 건강을 목적으로 제품을 만든다고 생각하게 되었습니다. 초기에 써 켄싱턴은 케첩을 유리병에 담아 판매하여 플라스틱 용기보다 좀 더 고급스럽고 몸에 좋을 것 같은 이미지를 주었습니다. 또한 일반 마트에서는 판매하지 않고 호텔 및 레스토랑에서만 판매하게 함으로써 대중적인 하인즈와 차별화되어 프리미엄 시장으로 들어갈 수 있었습니다. 결국 써 켄싱턴은 케첩 시장을 구분하여 건강을 좀 더 생각하는 소비자들에게 집중했던 것입니다.

미국의 유명한 햄버거 체인인 맥도날드에서 아침 식사 메뉴 판매량을 높이기 위해 설문 조사를 진행하였습니다. 하지만 설문조사 결과에서는 잘 팔릴 것 같은 메뉴가 실제로는 팔리지 않았습니다. 그래서 맥도날드는 우선 매장을 관찰해 보았습니다. 그 결과 밀크쉐이크가 이상하게도 아침에 주로 팔린다는 사실을 알게 되었습니다. 게다가 출근시간에 가장 많이 팔리는 것이었습니다. 또한 밀크쉐이크만 단독으로 구매하는 경우가 많았습니다. 알고 보니 많은 사람들이 밀크쉐이크를 아침식사로 이용하고 있었습니다. 미국에서는 자동차를 이용하여 출근하는 경우가 대부분인데, 운전하면서 간편하게 먹을 수 있는 것이 밀크쉐이크였던 것입니다. 밀크쉐이크는 아침잠도 깨워주면서 오랜 시간 운전하면서도 마실 수 있는 장점이 있었습니다.

이처럼 시장을 구분할 때 단순히 설문조사 결과만 봐서는 안됩니다. 보통 소비자가 설문조사에 답할 때는 중간 정도로만 답변하기 때문입니다. 설문조사와 더불어 소비자를 관찰하는 것이 중요합니다.

미국에서 유기농 제품을 판매하는 홀푸드 마켓^{Whole Foods Market}이라는 회사가 있습니다. 홀푸드 마켓은 유기농 제품 뿐만 아니라 지역사회에 특화하여 시장을 구분하였습니다. 우리 지역에서 생산한 것이 가장 신선하고 건강에 좋은 것이라는 이미지를 소비자들에게 주었습니다. 마트의 첫번째 성공 요건은 손님들이 많이 찾아오게 만드는 것입니다. 홀푸드 마켓은 지역 농부들이 자신들이 직접 생산한 농산물을 판매할 수 있는 장터를 일주일에 한번씩 마련하였습니다. 마트 앞 주차장에 장터를 마련하였는데 사람들은 자연스럽게 마트 안에도 들리게 되었습니다. 이러한 활동을 통해 홀푸드 마켓은 지역 사회에서 신토불이 기업으로 자리매김하게 되었습니다.

누구를 공략할까? (Targeting)

침대 매트리스 시장에서 급성장을 한 기업이 있습니다. 미국의 캐스퍼^{Casper}라는 매트리스 회사입니다. 일반적인 매트리스는 부피가 커서 최소 두 사람 이상이 필요하고, 트럭으로 운반해야하기 때문에 인건비 및 배송비용이 많이 들 수밖에 없었습니다. 특히 혼자

사는 소비자들에게는 매트리스 바꾸는 것은 상당히 부담스러운 일
이었습니다. 캐스퍼는 여기에 착안해 가볍고 돌돌 말 수 있는 매트
리스를 개발하여 매트리스 운반에 부담을 느끼는 소비자들을 공략
하였습니다.

캐스퍼의 메트리스

캐스퍼 매트리스는 일반 매트리스 대비 기능도 크게 뒤떨어지
지 않아 선풍적인 인기를 끌게 되었습니다. 이렇게 소비자가 가장
힘들어 하는 부분을 해결해 주면서 혼자 사는 소비자들을 대상으
로 집중한 결과, 캐스퍼는 단순한 매트리스 회사에서 종합 침구류
회사로 성장할 수 있었습니다. 캐스퍼는 한 걸음 더 나아가 잠자는

데 필요한 모든 것에 대해 연구하는 기업으로 사업범위를 확장하였습니다. 야외에서 잠자는 공간을 제공하는 취침트럭을 운영하고 있고, 잠잘 때 스마트폰으로 전등의 밝기를 조절할 수 있는 제품도 생산하고 있습니다.

코웨이에서는 위생과 청결에 민감한 소비자를 집중 공략하고 있습니다. 이러한 소비자들에게 매트리스 렌탈 서비스를 제공하여 정기적으로 매트리스 청결이 유지될 수 있도록 하고 있습니다. 특히 아기가 있는 가정에서 수요가 높다고 합니다. 코웨이의 경우 제품 자체는 다른 매트리스와 크게 다른 부분이 없습니다. 오히려 침대 브랜드만 놓고 보면, 에이스침대, 시몬스, 한샘 등의 브랜드 이미지가 더욱 높습니다. 하지만 코웨이는 렌탈 서비스를 통한 판매 방식을 차별화함으로써 위생에 민감한 소비자들에게 집중할 수 있었습니다. 이는 코웨이의 장점인 정수기 렌탈 모델을 매트리스에도 적용했기 때문에 가능했습니다.

소비자들에게 어떻게 인식될까? (Positioning)

침대 얘기를 했으니 계속 침대 얘기를 해 보겠습니다. "흔들리지 않는 편안함"이라는 말을 들으면 소비자들은 바로 시몬스 침대를 떠올릴 것입니다. 과거 "침대는 가구가 아닙니다"라는 문구 하나로 에이스침대는 급성장하게 됩니다. 이처럼 소비자들이 제품을 인식하도록 하는 것은 매우 중요합니다. 마케팅은 어느 제품이 더 우수하냐에 대한 전쟁이 아닙니다. 오히려 인식의 전쟁이라고 볼 수 있습니다. 소비자에게 제품을 인식시키기 위해서는 제품 자체에 무언가를 하기 보다는 소비자 마음에 무언가를 해야 합니다. 침대 사례에서도 알 수 있듯이 마케팅에서 가장 강력한 것은 하나의 문구를 소비자에게 각인시키는 일입니다.

코카콜라에서 다이어트 콜라를 출시했는데, 코카콜라 라이트였습니다. 하지만 코카콜라 라이트는 여성이 마시는 음료 인식이 강했기 때문에 다이어트 콜라를 원하는 남성들은 코카콜라 라이트 구매를 꺼려하였습니다. 이에 코카콜라는 코카콜라 제로를 출시하게 됩니다. 기존 은색 바탕의 코카콜라 라이트와는 다르게 남성적인 검은색 이미지를 바탕으로 하여 남성의 다이어트 콜라로 소비자들은 인식하게 되었습니다.

소비자에게 제품을 인식시키는 것은 정말 중요합니다. 인식이라는 것은 쉽게 변하지 않는 선입관을 소비자들에게 심어줍니다. 삼성전자의 스마트폰 갤럭시 시리즈는 애플 아이폰과 경쟁하는 스마트폰으로 소비자들에게 인식이 되고 있습니다. 하지만 같은 안드로이드계열인 LG전자의 스마트폰은 제품 품질에 관계없이 아이폰의 경쟁상대로 생각하는 소비자는 많지 않습니다. 오히려 LG전자 스마트폰은 갤럭시에 대한 차선책으로 구입하는 스마트폰으로 소비자들에게 인식되는 경우가 더 많습니다. LG전자는 2010년 10월에 LG옵티머스 스마트폰을 출시한 뒤 꾸준히 제품을 개발해 왔습니다. 하지만 소비자들이 아이폰을 대신할 스마트폰을 떠올렸을 때 가장 먼저 생각나는 스마트폰은 삼성전자의 갤럭시가 되었습니다. 이러한 소비자들의 인식은 LG전자 스마트폰 사업을 위기에 빠뜨렸습니다.

소비자에게 제품을 확실하게 인식시킨 사례는 애플의 제품에서 많이 찾아볼 수 있습니다. 스티브 잡스가 2007년에 아이폰을 처음 소개할 때 아이폰은 음악도 들을 수 있고 인터넷도 할 수 있지만 전화가 된다는 것을 확실하게 소비자들에게 인식시켰습니다. 아무리 기능이 많은 휴대폰이라 할지라도 전화 기능이 제대로 되지 않으면 휴대폰으로써 의미가 없기 때문입니다. 또한 애플은 애플워치를 통하여 시계 시장에서도 명확한 위치를 잡을 수 있었습니다. 시계는 언제나 인간의 피부에 붙어 있기 때문에 원래 애플워치는 의료기기로 개발하고자 했다는 소문도 있습니다. 어쨌든 시계는 피부에 항상 붙어있기도 하지만 손목에 착용하기 때문에 다른 사람들에게 항상 잘 보이는 부분이기도 합니다.

원래 시계 시장에는 고가의 프리미엄 브랜드 및 저가 브랜드만 있었습니다. 가구 및 옷 시장에는 이케아 및 자라 같은 확실한 중간 브랜드가 있었지만 시계 시장에는 중간 브랜드가 없었던 것입니다. 또한 가구와 마찬가지로 시계도 한번 사면 오랜 기간 동안 사용해야 했기 때문에 소비자들은 시계를 살 때에도 많은 고민을 합니다. 시계는 잘 보이는 손목에 착용하기 때문에 다른 사람에게 직접적으로 나를 보여주는 수단이기도 합니다.

애플워치는 아주 비싸지도 싸지도 않은 중간 정도의 가격으로 시장에 자리잡았습니다. 물론 애플워치가 가격만으로 시장에 자리잡을 수는 없었습니다. 애플에서는 애플워치를 위해 프리미엄 브랜드 버버리의 마케터를 영입하였습니다. 애플워치는 최신 트렌드를 선도하는 애플의 이미지를 그대로 시계에 가져오면서 새로운 시계 시장을 만들게 됩니다. 애플이 아이팟을 통해 기존 음반 시장을 송두리째 바꾸고 아이폰의 앱스토어를 통해 새로운 앱 생태계를 창조하였다면, 애플워치를 통해 시계의 또다른 표준을 제시했다고 볼 수 있습니다. 이 후 갤럭시워치 등의 다른 제품들이 애플워치를 따라하면서 시계 시장은 더욱 커지게 되지만 소비자들의 인식 속에 가장 트렌디한 이미지로 자리매김하게 된 것은 애플워치입니다.

샤넬을 떠올릴 때 비싼 명품 이미지를 생각합니다. 샤넬은 어떻게 했길래 소비자들에게 이러한 이미지를 각인시켰을까요? 샤넬은 과거 가장 혁신적인 기업 중 하나였습니다. 지금은 당연하게 생각하고 있지만 여성용 핸드백에 줄을 단 것은 샤넬이 최초였습니다. 여성들은 원래 말 그대로 핸드백을 손으로 직접 들고 다녀야 했습니다. 한쪽 손으로 항상 쥐고 있었어야 했기 때문에 외부에서 활동을 할 때 불편함이 많았습니다. 샤넬은 소비자의 가장 불편한 점을 해결해주었습니다. 또한 의류 분야에서는 최초로 여성 승마복 바지를 디자인했습니다. 그 전까지 여성들은 승마를 할 때에도 드레스를 입어야 했습니다. 샤넬은 브랜드를 대표하는 색으로 검은색을 선택하였습니다. 성직자가 착용하는 의복이 검은색이었고 장례식 때에도 예의를 갖추는 옷 색깔이 검은색입니다. 이렇게 검은색은 성스럽고 세속적이지 않은 이미지를 사람들이 무의식적으로 느끼게 하였습니다. 결국 샤넬은 여성에게 엄격했던 시대에도 여성 소비자를 생각하며 혁신적인 제품을 만들었으며, 검은색을 대표 색깔로 적용함으로써 소비자들에게 지금의 프리미엄 명품 이미지로 각인될 수 있었습니다.

제품 판매하는 곳을 다르게 함으로써 원하는 이미지로 소비자에게 각인된 경우도 있습니다. 뱅앤올룹슨^{Bang & Olufsen}의 경우 스피커를 가전제품 매장에서 판매하지 않았습니다. 프랑스 및 이탈리아에 있는 인테리어 매장에서 판매하였습니다. 이로 인하여 소비자들은 뱅앤울룹슨의 제품을 단순히 음질이 좋은 스피커가 아닌 인테리어 소품으로 인식하였습니다.

스타벅스는 여전히 가장 대중적이고 인기 많은 커피 브랜드입니다. 스타벅스 커피를 마실 때 무언가 고급 커피를 먹는 느낌을 가지게 됩니다. 물론 가격도 다른 커피 대비 상대적으로 비쌉니다. 그런데 커피빈이나 파스쿠찌의 커피 가격이 스타벅스보다 평균적으로 비쌉니다. 하지만 소비자들은 커피빈과 파스쿠찌 커피를 마시면서 스타벅스보다 고급 커피라는 생각은 하지 않습니다. 스타벅스는 소비자들에게 고급 커피로 인식되고 있기 때문입니다. 스타벅스 리저브는 커피 한잔 가격이 8,000원에서 10,000원 정도인데 상대적으로 비싼 가격입니다. 하지만 스타벅스 리저브는 수익성 측면에서 봤을 때 좋은 사업은 아니라고 합니다. 그럼에도 불구하고 이를 운영하는 이유는 소비자들에게 고급 커피로서의 스타벅스를 인식시키기 위해서 였습니다.

현대카드도 마찬가지입니다. 현대카드는 적자가 날 것이라고 예상했으면서도 현대카드 '블랙'과 '퍼플'을 출시하였습니다. 현대카드 블랙은 CEO급을 대상으로, 퍼플은 대기업 과장급 이상의 중

산층을 대상으로 하였습니다. 현대카드 퍼플의 혜택은 매년 동반 1인 무료 항공권 제공, 아이패드 또는 아이폰 기기 무료 지원, 20만원 상당의 면세점 및 명품점 할인권, 호텔 무료 발렛파킹, 항공사 마일리지 및 현대 M포인트 동시 적립 등의 서비스를 제공하였습니다. 이는 카드 연회비를 상회하여 더 많은 혜택을 주는 서비스로 현대카드에서는 적자를 볼 수밖에 없는 사업이었습니다. 그럼에도 불구하고 이를 운영한 이유는 신용카드를 상대적으로 많이 쓰는 계층에게 현대카드의 이미지를 심어주기 위해서 였습니다.

현대카드는 이와 더불어 현대카드 라이브러리를 운영하였는데, 여행, 음식 등의 테마를 가진 도서관을 설립함으로써 신용카드사를 넘어 생활방식을 혁신하고 있다는 이미지를 소비자들에게 인식시키고자 하였습니다. 그래서 '현대카드는 격조높고 차별화된 서비스를 제공하는 카드'라는 인식이 소비자들의 머릿속에 조금씩 자리를 잡아가게 되었습니다.

소비자가 원하는 걸 팔아야지

극심한 고통에 시달리고 있는 환자가 있습니다. 이 환자는 비타민과 진통제 중에서 어떤 것을 가장 필요로 할까요? 당연히 진통제입니다. 제품을 시장에 출시할 때에도 마찬가지입니다. 소비자가 가장 원하는 것을 주어야 합니다.

우리나라 국민들 중 많은 사람들이 몸 보신을 하기 위해 한약을 선택합니다. 그렇지만 한의사에게 처방을 받고 한약을 먹기 위해서는 일반 의약품 대비 상당한 비용이 듭니다. 소비자 입장에서는 한약이 몸에 좋은 것은 알겠고 먹고도 싶지만 비싸서 먹기에 부담스럽습니다. 한국담배인삼공사는 이렇게 소비자들이 가장 필요로 하는 것을 조금이라도 해소시켜줄 수 있는 제품을 내 놓았습니다. 바로 '정관장'입니다. 정관장은 홍삼을 주 원료로 하여 면역력을 강화해준다고 홍보하였습니다. 정관장은 한약보다는 상대적으로 저렴한 가격에 한의사 처방도 필요 없으며 적어도 몸에 부작용이 생기지는 않을 것 같은 모습으로 소비자들에게 다가갔습니다.

결과는 대성공이었습니다. 처음에는 집안의 가장 역할을 하고 있는 남성들을 목표로 하였습니다. 가정주부는 남편의 건강을 챙기기 위해 정관장 제품을 샀습니다. 이것은 자연스럽게 부모님의 건강을 챙기기 위한 정관장 구매로 이어졌습니다. 부모님은 손자 손녀들의 건강을 챙기고자 정관장을 샀으며, 이는 청소년을 거쳐 엄마의 건강을 챙기는 수단이 되었습니다. 결국 모든 가족이 정관장 제품을 먹음으로써 건강을 챙긴다는 제품 이미지가 형성되었습니다.

파트너십도 마찬가지입니다. 내 제품을 시장에 처음 팔려고 했을 때 좋은 동반자를 만나게 된다면 내 제품이 잘 팔릴 가능성이 더 높아집니다. 이러한 경우에도 비타민보다는 진통제를 생각해야 합니다. 즉, 가장 진통제를 필요로 하는 동반자를 선택해야 파트너십이 성공할 가능성을 높일 수 있습니다.

넷플릭스는 우리나라 시장에 진입할 때 SK텔레콤, KT, LG U+ 중에서 어느 기업과 손잡을지를 고민하였습니다. 넷플릭스는 결국

LG U+를 통해서 우리나라 시장에 진출하게 됩니다. LG U+는 국내 주요 3개 통신사 중 3위 사업자로서 시장 점유율에 있어 가장 목말라하고 있는 기업이었기 때문입니다. 넷플릭스는 1위 및 2위 사업자인 SK텔레콤 및 KT와 파트너십 협상을 하는 것 보다 LG U+와 협상하는 것이 좀 더 편했을 것입니다. LG U+입장에서도 미국에서 검증된 넷플릭스와 연합을 한다면 시장점유율을 상승에 도움이 될 수 있다는 점을 염두한 듯 싶습니다.

소비자의 불편함을 찾아내기

영국에 아쿠아리사^{Aqualisa}라는 기업이 있습니다. 아쿠아리사는 쿼츠 디지털 샤워^{Quartz Digital Shower}라는 제품을 개발하였는데, 이 제품은 온수 온도를 간편하게 조절할 수 있는 샤워기입니다.

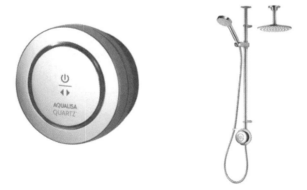

아쿠아리사의 쿼츠 디지털 샤워

원래 영국에서 온수 샤워기 설치를 위해서는 평균적으로 시공 기간이 2일 걸렸습니다. 소비자들은 온수가 되는 샤워기 설치를 위해 이틀 동안 집에서 샤워를 할 수 없는 불편함이 있었습니다. 하지만 아쿠아리사에서는 시공 기간을 반나절만에 끝낼 수 있는 쿼츠 디지털 샤워기를 개발하였습니다. 소비자들이 가장 불편해하는 시공 기간을 단축했기 때문에 쿼츠 샤워기는 잘 팔렸을 것이라는 생각이 들 것입니다. 과연 잘 팔렸을까요?

결과는 그렇지 않았습니다. 단순하게 시공 기간만 줄이면 잘 팔릴 것이라고 생각하였는데 소비자들은 쿼츠 샤워기를 선택하지 않았습니다. 그 이유는 기업 입장에서만 생각했기 때문입니다. 물론 소비자의 가장 불편한 부분이었던 시공기간을 단축시켰기 때문에 소비자 입장에서 생각했다고 볼 수도 있을 것입니다. 그런데 실제 소비자는 샤워기를 쓰는 집주인이 아니라 샤워기를 설치해주는 시공 기사였습니다. 즉, 소비자를 잘못 알았던 것입니다.

쿼츠 디지털 샤워기 판매가 부진하자 아쿠아리사는 그 원인을 찾았고, 소비자가 시공 기사라는 사실을 알게 되었습니다. 그래서 가장 설치 경험이 많은 시공 장인(Master Plumber)에게 제품을 홍보하였습니다. 하지만 시공 장인은 쿼츠 샤워기 설치에 대한 기술을 새롭게 익히는 것에 대해 부담스럽게 생각하고 있었습니다. 시

야 너도 대표될 수 있어

공 기간을 획기적으로 단축시켰지만, 이틀 동안 설치 작업하는 과정에 익숙한 시공 장인은 새로운 설치 기술을 다시 배우는 것에 대한 필요성을 느끼지 못했기 때문입니다. 그래서 아쿠아리사는 이미 시공 시장을 지배하고 있는 시공 장인에게 자사 제품 사용을 권유하는 것은 어렵다는 사실을 알고 새로운 방법을 찾게 되었습니다.

시공 장인 대신에 시공 장인 도우미 역할을 하는 견습생들에게 다가갔습니다. 시공 장인이 되기 위해 오랜 시간 동안 시공 장인 밑에서 노력해야하는 견습생들에게는 손쉽게 배울 수 있는 시공 기술이 아주 매력적으로 느껴졌습니다.

아쿠아리사는 이러한 견습생들에게 교육비용을 지원해주면서 쿼츠 디지털 샤워기 시공 기술에 대해 교육을 시켰습니다. 이 교육을 이수한 사람들은 아쿠아리사 인증서를 받게 되고, 샤워기 설치가 잘못되었을 경우 아쿠아리사가 모두 책임지고 보상을 해주었습니다. 그 결과 쿼츠 디지털 샤워기는 판매가 급증하게 되었습니다. 아쿠아리사는 처음에 중간 소비자인 시공 장인을 생각하지 않고 최종 소비자만 생각만 생각하는 실수를 했지만, 몇 번의 시행착오 끝에 결국은 마케팅에 성공할 수 있었습니다.

기업의 관점만 고수하면서 제품의 기술력만 믿고 시장에 나가면 판매가 부진할 수밖에 없습니다. 이처럼 새 제품을 처음으로 시장에 팔 때에는 소비자 입장에서 생각해야 하는데 어떤 단계의 소비자에게 집중할 것인지도 잘 선택해야 합니다.

★

마음이 시킨다

심리학자로는 처음으로 노벨 경제학상을 수상한 다니엘 카너먼^{Daniel} ^{Kahneman}은 행동경제학의 아버지로 불리고 있습니다. 카너먼은 인간의 경우 얻는 기쁨보다는 손실에 대한 두려움이 더 크다고 하였습니다. 예를 들어 1,000만 원을 벌었을 때의 기쁨보다 1,000만 원을 잃었을 때의 고통이 더 크다는 것입니다.

미국에서 라디오 방송을 서비스하고 있는 시리우스 엑스엠^{Sirius} ^{XM Holdings Inc.}이라는 기업은 음악방송 가입자를 모집하기 위해 처음에는 무료 청취가 가능하도록 하였습니다. 1년 동안 무료 청취 서비스를 제공한 후 유료로 전환하는 전략을 적용한 것입니다. 미국 소비자 입장에서는 운전하면서 음악을 듣는 경우가 많았는데 1년 동안 무료 음악을 제공한다는 것이 큰 인기를 끌었습니다. 1년 뒤 방송이 유료로 전환되었을 때 소비자들은 어떤 반응을 보였을까요? 무료로 듣다가 돈을 내야하기 때문에 방송을 끊었을까요? 그렇지 않았습니다. 소비자들은 계속해서 돈을 내고 방송을 들었습니다. 1년 동안 무료로 청취를 했는데 그것을 잃는다는 데에 대한 고통이 더 컸던 것입니다. 즉, 계속 가지고 있는 것을 못 가지게 된다는 상실감이 더 컸기 때문에 유료화로 전환해도 돈을 내고 방송을 들을 수밖에 없게 되었습니다. 소비자 입장에서 처음 제품을 선택할 때 비용은 최소화하고 혜택을 더 많이 받을 수 있도록 한다면, 나중에 그 혜택을 잃게 되었을 때 비용이 들더라도 그 혜택을 다시 받기 위해 노력할 것입니다. 이렇게 손실에 대한 두려움이 있는 소비자의 심리를 이용하여 처음에 무료 서비스 제공을 검토해보는 것도 처음 제품을 팔 때 많이 팔 수 있는 좋은 방법입니다.

식기세척기도 이러한 사례를 잘 보여줍니다. 판매 초기에는 소비자들이 비싼 가격 때문에 식기세척기를 잘 사지 않았습니다. 이에 따라 식기세척기 업체에서는 건설업자를 찾아가 주택을 건축할 때 식기세척기를 기본 옵션으로 집에 구비될 수 있도록 협의하였습니다. 가격이 높은 집값에 식기세척기 비용이 끼워져 있기 때문에 소비자 입장에서는 식기세척기 가격에 대해 신경을 쓸 필요가 없었습니다. 게다가 식기세척기가 구비된 집에서 자연스럽게 식기세척기를 이용했던 사람은 다른 집으로 이사 갔을 때 식기세척기가 없다면 그에 대한 필요성을 더 절실히 느낄 수밖에 없었습니다. 결국 이제 식기세척기는 많은 사람들이 필요로 하는 가전 제품이 되었습니다.

가격 정하기

어느 연구소에서 약의 효과에 관련된 실험을 했습니다. 수 십 명의 지원자를 받아 두 그룹으로 나눈 후 각각의 그룹에 약을 주면서 효과를 관찰하였습니다. 한 그룹에는 어디서나 쉽게 구할 수 있는 값싼 약이라는 정보를 제공하며 약을 주었습니다. 그리고 다른 한 그룹에는 가격이 매우 비싼 약이라는 정보를 제공하며 약을 주었습니다. 그 결과 비싼 약이라는 정보를 받은 그룹에서 약의 효과가 더 높게 나타났습니다. 그런데 놀랍게도 두 그룹에 주어진 약은 동일한 가격의 똑같은 약이었습니다.

또 다른 실험으로 동일한 와인을 실험 참가자들에게 시음을 하도록 하였습니다. 처음에 와인을 시음할 때에는 그 와인 가격이 6

천 원이라고 소개했고, 그 다음 와인을 줄 때는 와인 가격을 5만 원이라고 소개하였습니다. 예상대로 실험 참가자들은 5만 원짜리 와인이 더 맛있다는 평가를 하였습니다. 실제로 같은 와인이라 할지라도 비싸다는 정보를 알고 있다면 뇌에서 더 맛있는 것으로 느껴진다고 합니다. 즉, 소비자의 인식은 가격에 따라 달라질 수 있습니다.

고급 프리미엄 와인을 사려고 할 때 가격이 착하다고 느끼는 소비자는 많지 않을 것입니다. 프리미엄 와인이기 때문에 가격도 비싼 것이 당연합니다. 만약 프리미엄 와인이 상시 할인을 한다면 그 와인은 더 이상 프리미엄 와인이 아니고 그냥 와인이 됩니다.

제품의 가격을 책정할 때에는 그 기준점이 흔들려서는 안됩니다. 이는 제품을 팔아서 더 수익을 남기기 위해 원래의 가격을 높여서도 안되고, 제품이 잘 팔리지 않는다고 가격을 갑자기 낮춰도 안된다는 뜻입니다. 즉, 제품의 기준가격을 함부로 바꾸면 안됩니다.

어느 고급 레스토랑에서 고객을 더 끌어 모으기 위해 한시적으로 음식 가격을 낮게 한 적이 있었습니다. 원래 그 레스토랑은 사회적으로 성공한 사람들이 조용하게 개인적인 만남을 가지는 경우가 많았습니다. 그런데 가격을 낮춘 후에 의도치 않은 고객들이 찾아오게 되었습니다. 고등학생과 대학생들을 포함하여 단체손님들도 그 레스토랑을 많이 이용하였습니다. 이후 그 레스토랑은 더 이상 개인적인 만남을 가질 수 있는 장소가 될 수 없었습니다. 비싸긴 하지만 조용하게 중요한 대화를 나눌 수 있는 장소를 제공하였던 정체성을 잃어버리게 되었던 것입니다. 식당의 자리는 한정되어 있었기 때문에 고객이 많이 오더라도 매출이 급격히 증가하지는 않았습니다. 얼마 후, 다시 가격을 높였지만 이미 단골 손님을 잃고 레스토랑 수익도 줄어들게 되었습니다.

유명한 명품 브랜드가 가격을 낮추어 판매하는 것은 거의 보지 못했을 것입니다. 가격을 낮추는 순간 더 이상 명품이 아니게 되기 때문입니다. 물론 유행이 지난 제품이나 다른 디자인의 제품을 아울렛 등을 통하여 상대적으로 낮게 판매하는 경우는 있습니다. 하지만 기준가격을 변경하는 경우는 거의 없습니다. 가격 자체가 제품의 정체성이기 때문입니다.

LG전자에서 출시한 스마트폰 중에 출고가격이 89만 9800원인 LG벨벳 5G스마트폰이 있었습니다. 그런데 LG벨벳을 출시한 뒤 몇 개월 후에 5G 스마트폰인 LGQ92가 출시되었습니다. 문제는 뒤늦게 나온 LGQ92가 LG벨벳보다 더 좋은 성능을 가지고 있으면서도 출고가격은 거의 반값인 49만 9400원이라는 사실이었습니다. 소비자들은 스마트폰 가격에 거품이 있다고 생각하며 LG벨벳의 가격도 낮출 것을 요구하였습니다. 이에 따라 LG전자는 매우 난감한 상황에 놓이게 되었습니다. 여기에서 가격이 싸고 비싸고가 중요한 것이 아니라, 소비자들이 가격에 대한 의구심을 가지게 되었다는 사실입니다. 소비자들은 LG전자 스마트폰 뿐만 아니라 다른 LG 제품들의 가격이 합리적인 것인지에 대한 의구심을 가지게 되었고, 이는 LG에 대한 신뢰도를 떨어뜨렸습니다.

가격을 책정할 때에는 소비자들이 정당한 가격으로 느낄 수 있도록 해야 합니다. 따라서 제품을 잘 팔리게 하기 위해 함부로 기준가격을 낮춰서는 안됩니다. 만약 재고를 빨리 정리하고 싶다면 반값 판매보다는 하나를 사면 다른 하나를 더 주는 1+1 판매를 하는 것이 더욱 효과적인 방법입니다. 이렇게 하면 기준가격을 지키면서도 반값에 판매하는 효과를 얻을 수 있습니다. 이는 보통 편의점에서 재고를 처리할 때 많이 쓰는 방법이기도 합니다.

가격을 책정하는 방법은 여러가지가 있지만 여기에서는 크게 네 가지 방법으로 알아보도록 하겠습니다. 먼저 비용 중심의 가격 책정 방법입니다. 이 방법은 가장 간단합니다. 제품을 만드는데 드는 비용을 기반으로 제품의 가격을 결정합니다. 제과점에서 빵의 가격을 책정한다고 가정해봅시다. 빵의 원재료인 밀가루, 계란, 우유 등을 구입합니다. 제과점 주인이 직접 하거나 제빵사를 고용하여 빵을 굽습니다. 빵을 만든 후 비닐포장이나 박스 포장을 하기도 합니다. 가게를 임대했을 경우 매달 임대료도 지불해야 합니다. 원재료 값, 인건비, 포장비, 임대료 등의 비용을 고려하여 빵의 가격을 책정하는 것이 비용 중심 가격 책정 방법입니다. 이것은 공급자인 기업 입장만 철저하게 반영하고 있습니다. 즉, 소비자는 생각하지 않고 제품의 생산 비용만 반영하여 기계적으로 가격을 책정하는 것입니다. 물론 가격 산출 근거가 생산비용 기반이기 때문에 소비자를 설득하기에는 좋습니다. 하지만 소비자가 느끼는 만족도나 다른 경쟁사의 제품을 고려하지 못하는 단점이 있습니다.

두 번째로는 경쟁사 기반의 가격 책정 방법입니다. 말 그대로 경쟁사 제품의 가격을 기준으로 하는 것입니다. 이를 통하여 내 제품의 가격을 경쟁사 대비 낮게, 높게 또는 동일하게 책정할 수 있습니다. 보통 시장에서의 후발 주자들이 이 방법을 많이 사용합니다. 다이슨 무선 청소기가 100만 원 가까운 가격을 받고 있었습니다. 이에 LG전자 코드제로와 삼성전자 제트도 후발주자로서 가격을 책정하였는데, 다이슨 V시리즈와 비슷한 100만 원 정도의 가격대로 책정하였습니다. 만약 다이슨 무선 청소기가 없었다면 후발 주자들의 무선 청소기 가격이 100만 원보다는 훨씬 싼 가격이었을 가능성도 있겠습니다.

세 번째로 소비자가 얻는 만족도에 기반을 두고 가격을 책정하는 방법입니다. 제품 생산 비용과는 관계없이 소비자에게 높은 만족도를 준다면 가격은 높게 책정될 것입니다. 소위 명품 브랜드들이 이를 잘 보여주고 있습니다. 에르메스, 샤넬 등의 제품이라고 해서 원가가 다른 저가 브랜드 대비하여 아주 높지는 않습니다. 그렇지만 소비자들에게 다른 제품들과는 차별화된 만족감을 주기 때문에 높은 가격으로 판매할 수 있는 것입니다. 이 방법의 단점은 소비자의 만족도를 계산하기가 매우 어렵다는 것입니다. 에르메스 가방이 좋다는 것을 알고는 있지만, 소비자가 그 가방을 들고 있을 때 느끼는 만족감이 10만 원인지 1000만 원인지 측정이 어렵습니다. 심리적 영향을 고려해야 하기 때문에 소비자 만족도를 고려하여 가격 을 책정하는 것은 위험성이 있기도 합니다.

마지막 네 번째 가격 책정 방법은, 경쟁사의 가격을 고려함과 동시에 소비자의 만족도를 고려하는 방법입니다. 우선 자사의 제품을 경쟁사와 비교해 봅니다. 경쟁사 대비 부족하다면 가격을 낮게 책정하고, 반대로 차별화가 되어 경쟁우위에 있다면 가격을 더 높여 받습니다. 다음으로 내가 원하는 가격이 있다면 소비자에게 더 큰 만족도를 제공하여 가격을 높게 책정합니다. 양평에 어느 펜션이 있는데 높은 숙박비에도 불구하고 항상 예약하기가 어려울 정도로 인기가 많습니다. 이 펜션은 단순하게 숙박에만 그치지 않습니다. 석쇠구이를 해주고 밤에 캠프파이어 및 노래방까지 제공합니다. 소비자 입장에서는 식사, 캠프파이어, 노래방이 한꺼번에 해결되기 때문에 조금 높은 숙박비를 내더라도 그 펜션을 이용하고 싶어합니다.

다른 호텔과 차별화하여 각 방마다 소규모의 수영장을 마련하여 사적인 수영공간을 제공하는 호텔도 있습니다. 그 호텔은 주변 호텔 대비 두 배 이상 가격이 비싸지만 그 지역에서 가장 인기있는 호텔이 되었습니다. 호텔측은 가격을 책정하기 위해 우선 호텔 투숙객이 어떠한 사람들일지를 고민하고는 가족단위의 투숙객을 목표 고객으로 삼았습니다. 그리고 주변 호텔과 펜션들의 가격을 조사하고 특징들을 알아본 후, 가족단위 투숙객들은 원하는 것이 무엇일지를 연구했습니다. 그 결과, 바이러스가 창궐한 시점에서 타인과의 대면을 무척 꺼려한다는 사실을 확인했습니다. 또한 가족단위는 어린이들이 있는 경우가 대부분이기 때문에 어린이들이 즐겁게 놀 공간도 필요했습니다. 이를 토대로 그 호텔의 차별화 포인트를 각각의 방에 개인 수영장을 설치하는 것으로 결정했습니다.

이러한 가격 책정 과정을 요약하면 다음과 같습니다. 목표 소비자를 정의하고, 경쟁사를 분석한 뒤, 나의 제품이 경쟁사와 어떻

게 다른지 이해하고, 나만의 차별화 포인트를 만든 후, 현실 적용이
가능한지 조사를 하는 것입니다.

가격 경쟁도 피할 수 있을까?

신용카드를 사용할 때에는 대부분 연회비를 내야 합니다. 카드사에서 연회비를 받는 이유는 소비자가 카드를 계속 사용할 있도록하는데 목적이 있습니다.

그렇다면 연회비를 받지 않고 공짜로 카드를 쓰게 하면 어떨까요? 소비자는 연회비 받는 카드보다 공짜 카드를 더 좋아할 것 같다는 생각이 듭니다. 하지만 실제로 소비자는 연회비를 받는 카드를 더 오래 사용합니다. 왜냐하면 소비자는 카드에 투자했다고 생각하기 때문입니다. 소비자가 돈을 주고 샀을 경우 그 제품을 버리지 않고 계속 사용할 확률이 높습니다. 그렇기 때문에 무조건 공짜로 주면 그 제품의 가치는 낮아지게 됩니다. 내가 팔고자 하는 신제품이 경쟁사의 제품과 비슷하다면 보통 더 싼 가격을 제시하여 가격 경쟁을 하게 됩니다.

가격 경쟁을 피하기 위해서는, 가격은 유지하되 다른 제품을 끼워주는 것이 더 효과적입니다. 앞에서 말했던 반값 할인보다는 1+1형태로 하나를 더 끼워 파는 것이 좋다는 것과 같은 원리입니다. 다만, 다른 제품을 추가로 끼워줄 때 반드시 끼워주는 제품의 가격을 명시하는 것이 좋습니다. 이렇게 한다면 끼워주는 제품을 공짜로 인식하지 않기 때문에 소비자는 더 큰 만족도를 가지게 됩니다.

가격 경쟁을 피하기 위한 다른 방법은 차별화 포인트를 소비자가 인식하도록 해주는 것입니다. 아시다시피 백화점보다 하이마트 등의 전문매장의 전자제품 가격이 더 저렴한 경우가 많습니다. 만약 누군가 백화점에 가서 같은 제품처럼 보이는데 왜 하이마트보다 더 비싸냐고 질문한다면, 백화점 직원은 보통 이렇게 말합니다. "겉이 같다고 속까지 같지는 않습니다. 자세히 보면 모델명이 틀리고 기능이 더 추가되어 있고 안쪽 마감제를 더 좋은 것을 썼기 때문에 백화점 제품을 하이마트 제품과 비교하시면 안됩니다." 소비자 입장에서는 이미 백화점이 주는 신뢰도가 어느정도 존재하기 때문에 이런 말을 충분히 수긍할 수 있습니다.

제가 겪은 사례를 한가지 말씀드리겠습니다. 삼성동에 있는 어느 고급 호텔 식당에 방문한 적이 있었습니다. 음식이 일반식당과 별 차이가 없는 것 같아서 저는 직원에게 왜 이렇게 비싸냐고 물어보았습니다. 호텔 직원은 좋고 신선한 재료를 쓰기 때문에 가격이 비싸다고 답변을 했습니다. 그런 말을 듣고나니 이상하게도 무엇인가 일반 식당과는 다른 느낌이 들며 안심이 되었습니다. 제가 직접 주방에 들어가서 재료를 확인해보지는 않았지만, 그 직원은 효과적으로 식당과 음식의 가치를 어필함으로써 소비자를 만족시키는데 성공했던 것입니다.

멤버십을 이용하여 가격 경쟁에서 벗어나는 사례도 많습니다. 동네 카페에서 흔히 볼 수 있는 10잔 마시면 1잔 무료 쿠폰도 멤버십의 좋은 사례입니다. 소비자는 가격이 같더라도 이러한 쿠폰 때문에 가던 카페를 가게 됩니다. 이처럼 우리 주변을 잘 관찰해 보면 경쟁에서 벗어나 경쟁하지 않는 방법을 다양하게 찾아 수 있습니다.

온라인과 오프라인

스마트폰 앱의 사용이 활발해지기 시작하면서 온라인 기반 창업이 늘어나고 있습니다. 은행까지도 창구가 없는 온라인 전용 은행이 생겨나고 있는 정도입니다. 당연히 온라인을 활용하는 것은 중요합니다. 하지만 오프라인도 함께 활용하는 것이 좋습니다. 다시 말하면, 온라인에서는 할 수 없는 것을 오프라인에서 할 수 있어야 합니다.

타케오시 도서관^{Takeo City library}은 오프라인의 강점을 활용한 좋은 사례입니다. 타케오시 도서관은 일본 사가현의 타케오시(武雄市, Takeo-shi)라는 지역에 위치하고 있습니다. 타케오시는 후쿠오카 하카타역에서 기차로 1시간 정도 거리에 있으며 도자기 공방이 많이 있는 작은 시골 마을입니다. 그런데 타케오시 도서관을 통하여 관광 명소가 되었습니다. 도서관이 뭐가 대단하다고 타케오시에 관광객이 몰리게 되었을까요? 타케오시 도서관은 원래 일반 도서관과 다를 것이 없었습니다. 그런데 타케오시 시장에 새롭게 당선된 사람이 지역의 변화를 이끌고자 일본 CCC[25]의 츠타야[Tsutaya]에 도서관 운영을 위탁하게 됩니다.

츠타야는 일본에서 유명한 대여점을 운영하고 있는데, 책이나 음반, DVD 등을 대여하고 판매하는 기업입니다. 우리나라의 대형 서점인 교보문고나 영풍문고와 비슷한 기업이라고 생각하시면 됩니다. 타케오시 도서관 운영을 맡게된 츠타야는 우선 철저한 시장 조사를 했습니다. 조사를 해보니 타케오시 사람들이 무엇을 원하는지 알 수 있었습니다. 즉, 소비자가 어떤 문제를 가지고 있는지 조사하고 이를 해결하기 위한 방안을 생각한 것입니다.

타케오시 주민들은 도시의 상징인 스타벅스를 가까운 거리에서 이용하고 싶어했습니다. 또한 도시 생활에 대해 많은 궁금증이 있었고 이를 간접적으로라도 경험하고 싶어했습니다. 이를 반영하기 위해 "도서관은 조용하고 책만 읽어야 한다"는 고정관념에서 벗어나는 방법을 고민했습니다. 우선 츠타야는 도서관 안에 스타벅

25 Culture Convenience Club

스를 입점시켰습니다. 도시 생활의 상징인 스타벅스를 시골에서도 주민들이 이용할 수 있도록 한 것입니다.

타케오시 도서관 내 스타벅스

이와 더불어 도서관 내 잡지 구비율을 높여서 도회지 생활과 여러 트렌드에 대해 주민들이 잘 알 수 있도록 하였습니다. 또한 도서관 열람 시간을 오전 9시에서 오후 9시까지로 연장하였는데, 이런 조치는 일반적으로 오후 6시까지만 도서관을 이용하던 관행을 벗어난 것이었습니다. 게다가 공휴일에도 개장하여 도서관 이용율을 높였습니다. 시립도서관임에도 불구하고 연중무휴인 도서관이

탄생한 것입니다. 이렇게만 보면 "공휴일에도 도서관에서 책을 읽을 사람들이 있을까?"라는 의구심이 들 것입니다. 타케오시 도서관에서는 카페처럼 배경음악이 나오고, 도서관을 이용자들은 음식을 가지고 와서 자유롭게 먹을 수도 있습니다. 게다가 도서관 리모델링을 할 때에는 일본의 라이프스타일 브랜드 무지^{MUJI}의 유명 아트 디렉터인 하라켄야^{Hara Kenya}를 도서관 디자인에 참여시켰습니다. 이렇듯 타케오시 도서관은 운영 방식과 공간 디자인을 다른 도서관들과 차별화했습니다.

타케오시 도서관 내부

야 너도 대표될 수 있어

이렇게 기존 도서관에 대한 고정관념을 벗어난 결과, 지역 주민은 물론 수많은 관광객이 타케오시 도서관을 찾아오기 시작했습니다. 2019년 기준 타케오시의 인구는 5만 명 정도인데 타케오시 도서관을 이용하는 인원은 관광객을 포함하여 연간 100만 명이 된다고 합니다.

타케오시 도서관 사례를 보면 우리나라에도 비슷한 사례가 있는 것 같습니다. 아마도 가장 먼저 떠오르는 것이 서울 삼성동 코엑스 내에 위치한 별마당일 것입니다. 별마당에는 감각적으로 디자인된 높은 책장에 수많은 책들이 꽂혀 있습니다. 책장 자체가 좋은 배경을 연출하여 많은 방문객들이 인증 사진을 찍기도 합니다. 별마당에서는 누구나 책을 무료로 책장에서 꺼내어 자유롭게 읽을 수 있습니다.

하지만 별마당과 타케오시 도서관은 그 지향점이 다르다고 볼 수 있습니다. 타케오시 도서관은 도서관의 이용율을 높이기 위한 것을 지향점으로 볼 수 있습니다. 반면에 별마당의 지향점은 코엑스에 많은 방문객이 오도록 하는 것이라고 할 수 있겠습니다. 방문객들에게 책도 보고 주변 구경도 할 수 있는 만남의 장소를 제공합니다. 코엑스 중심부에 위치한 별마당만 이용하고 가는 사람은 거의 없을 것입니다. 별마당이라는 만남의 장소에 사람들이 모이게 되면, 코엑스 내 입점해 있는 주변 상점들을 이용할 가능성이 높아지게 됩니다. 별마당은 코엑스 매출을 증대시키는 중요한 역할을 하고 있습니다.

이번에는 미국 뉴욕으로 가보겠습니다. 뉴욕의 소호^{Soho}지역은 패션 및 예술로 유명하여 항상 젊은이들로 북적이는 곳입니다. 소호 지역 한복판에 스포츠 브랜드인 나이키 매장이 있습니다. 나이키는 6층짜리 빌딩 전체를 나이키 매장으로 운영하고 있습니다.

나이키 소호

많은 제조업체들이 오프라인 매장을 정리하고 온라인에 집중하고 있습니다. 소비자들은 오프라인보다 온라인으로 제품을 더 많이 구매하고 있기 때문입니다. 소비자들이 오프라인 매장을 방문하더라도 실제 제품은 온라인으로 검색 후 최저가로 사고 있습니다. 나이키는 소규모 매장을 줄이는 대신에 오히려 대규모 매장을 개장하여 오프라인 매장을 다른 형태로 활성화시키고 있습니다.

나이키 소호 매장을 살펴보면, 본인만의 맞춤형 운동화를 직접 제작해주는 곳이 있습니다. 여기에서는 원하는 색상을 여러가지 형태로 운동화에 조합하여 세상에서 단 하나뿐인 나만의 운동화를 구매할 수 있습니다. 또한 런닝머신이 있는 곳에서는 런닝머신에서 조깅을 할 때 바로 앞에 설치된 대형 화면을 보게 됩니다. 화면에는 뉴욕 센트럴파크가 나오면서 마치 센트럴파크에서 조깅을 하는 듯한 체험을 할 수 있습니다.

축구를 직접 할 수 있는 미니 경기장이 있고, 특히 가장 인기가 많은 5층에는 실제크기의 절반 정도인 반코트 농구장이 있습니다. 원래 6층짜리 건물이지만 5층과 6층을 통합하여 농구를 할 수 있는 공간을 만들었습니다. 체험존에는 농구장을 비롯하여 런닝머신, 축구장 등이 있는데, 모든 체험존에는 나이키에서 인증한 전문 트레이너가 상시 대기하고 있습니다. 만약 내가 농구를 하고 있다면, 자연스럽게 나에게 다가와서 함께 농구 게임도 하고 코칭을 해주는 전문 농구 트레이너를 만나게 될 것입니다. 운이 좋으면 전직 농구선수에게 직접 코칭을 받을 수도 있습니다.

나이키 소호에서 근무하는 직원들은 판매실적과 상관없이 고정된 급여를 보장받고 있습니다. 그렇기 때문에 트레이너를 포함한 직원들은 제품 판매보다는 방문객이 매장에서 좋은 경험을 하고 가는 것을 더욱 중요하게 생각하고 있습니다. 뉴욕에 사는 사람들은 소호 지역에서 약속을 잡을 때 나이키 소호 앞을 약속장소로 정하는 경우가 많습니다. 그 지역의 랜드마크로 가장 찾기 쉽기 때문입니다. 이와 더불어 나이키 매장 안에서 즐길 거리가 많기 때문에 일부러 약속장소에 일찍 도착하여 나이키 소호 매장 안에서 체험해보는 사람들도 많다고 합니다. 소비자는 매장에서 체험을 해보고 바로 현장에서 사거나 온라인으로 구입하기도 합니다. 어쨌든 나이키 제품을 사게 되는 것입니다. 결국 나이키는 오프라인 대형 매장을 통해 매출이 더욱 늘어나게 되었습니다.

베스트바이BestBuy는 미국에서 유명한 전자제품 판매 기업입니다. 그런데 전자제품도 다른 제품들과 마찬가지로 온라인 구매 비중이 높아지면서 오프라인 매장을 중심으로 운영하고 있는 베스트바이는 큰 위기를 겪게 되었습니다. 다행히 새로운 CEO가 부임하면서 베스트바이는 다시 전성기를 맞이하게 됩니다. 온라인에서는 할 수 없는, 오프라인에서만 가능한 서비스를 소비자에게 제공했기 때문입니다. 베스트바이는 넓은 오프라인 매장을 최대한 활용하여, 방문하는 소비자들이 전자제품을 직접 만져보면서 체험해 볼 수 있도록 하였습니다. 온라인에서 제품의 사진 또는 동영상만 볼 수 있었던 소비자들이 가장 필요로 하는 부분을 채워준 것입니다. 또한 소비자들이 전자제품을 구매했을 경우 집으로 배달은 물론 제품설치까지 직접 해 주었습니다.

일반적으로 휴대폰을 구매 후 개통할 경우, 직접 매뉴얼을 보고 하거나 통신사를 방문하여 개통해야하는 불편함이 있었습니다. 베스트바이는 매장에서 휴대폰을 구매하면 바로 개통해주는 서비스를 제공하였습니다. 이 역시 소비자가 가장 힘들어하는 부분을 해결해 준 것입니다. 많은 오프라인 업체들이 온라인 최강자인 아마존에 입점하기 위해 노력하는데, 이와는 반대로 아마존이 베스트바이에 입점을 하게 되었습니다. 소비자 중심의 오프라인 매장 운영으로 온라인에서는 맛 볼 수 없는 혜택을 소비자에게 제공했기 때문입니다. 물론 베스트바이는 온라인 매장도 병행해서 운영하며 시너지를 창출하고 있습니다.

허구의 인물이 소비자를 사로잡다

★

돈이 생명이다

승자가 되기위한 자금조달

PART. V

★

링 위의 승자가 되기 위한 자금 조달

초기 스타트업의 공통적인 문제는 돈입니다. 종자돈만 가지고 수익이 나면 문제가 없지만, 막상 사업을 시작해 보면 생각지도 못한 곳에서 돈이 필요하게 되고 또 사업이 지속되면 될수록 기업 운영 자금과 마케팅 비용 지출이 많아지기 마련입니다. '사업에 필요한 자금을 어떻게 조달하느냐'에 따라 기업의 성패가 판가름 납니다.

스타트업의 자금 조달 방법은 다양합니다. 크게 정부 지원금을 받는 방법, 금융권을 통한 차입금, 외부 투자자금 조달(벤처 캐피탈을 통한 자금 조달) 등으로 분류할 수 있습니다. 자금 조달 방안 중 초기 스타트업이 가장 선호하는 정부 지원금부터 하나씩 소개하겠습니다.

정부지원금 자금 조달

어느 스타트업 사업자는 "창업을 하면 3년 내 대부분 망한다. 하지만 정부의 자금 지원을 잘 활용하면 3년은 버틸 수 있다"라고 말합니다. 정부의 창업지원금을 조달하게 되면 원금상환도 필요 없고 이자도 지불하지 않게 됩니다. 정부자금 조달이 가장 좋은 방법이라는 것은 누구나 인지하고는 있지만 정부지원금에 대한 구체적인 방법을 아는 스타트업은 생각보다 많지 않으며, 대부분 막연한 고민만 하다 기회를 놓치는 일이 많습니다.

시중은행이 스타트업에 얼마나 많은 돈을 빌려줄까요? 시중은행에서 초기 스타트업에 필요로 하는 자금을 충분히 빌려준다는 것은 기대하기 어렵습니다. 정부는 이런 문제를 해결하려고 여러 가지 방법으로 창업 지원을 해 주고 있습니다. 따라서 좋은 사업 아이디어를 가지고 있다면 사업계획서로 잘 표현하고 전달하여 정부의 투자 지원을 받아 사업을 진행할 수 있습니다.

정부의 창업 지원 종류는 창업 지원금, R&D자금, 자금 융자입니다. 앞에서 언급하였듯이 정부의 창업지원은 스타트업 관계자들이 자금 조달 방법 중 제일 선호하는 방법입니다. 청년창업사관학교와 창업 맞춤형 지원사업 등의 간접적 지원 사업이 있으며, 창업지원금의 경우 차입금 형태이지만 사금융에 비해 상환의무가 없습니다. 게다가 투자 유치와 같이 지분을 넘겨줄 필요도 없기 때문에 부담이 적다는 장점이 있습니다. 이러한 정부지원사업이 좋은 것은 누구나 알고 있지만 문제는 선정되기가 어렵다는 점입니다. 정부지원사업에 선정된 기업들에게 정부 자금조달의 노하우를 인터뷰해 보면, 모두 동일하게 답하는 것이 있습니다. 그것은 지원사업을 신청할 때 사업성, 수출 가능성, 고용창출, 이렇게 세 가지 포인트를 강조해야 한다는 것입니다. 보통 기업들은 기술성에 초점을 맞추고 신청하는데, 정부지원사업 관련 심사위원들은 해당 기술의 성장 가능성에 대해 정확히 모르는 경우가 대부분입니다. 그래서 일반적으로는 사업성을 중심으로 평가를 합니다. 그리고 수출과 고용 또한 정부의 정책 성과에 대한 중요한 요소이므로 이에 대한 평가도 매우 중요합니다.

그러면 이제 정부의 창업지원사업을 구체적으로 살펴보겠습니다. 정부 창업지원사업이란 스타트업의 창업 촉진 및 일자리 창출을 위해 창업자에게 지원하는 창업교육, 창업 시설 및 공간, 멘토링 등의 컨설팅, 정책자금, R&D, 판로 개척, 해외 진출 등을 통칭합니다. 정부의 2020년 한 해 창업지원사업의 예산은 1조 4,517억 원이며 지원규모가 지난해 보다 3,336억 원(약 29%) 증가한 금액입니다. 창업지원사업은 융자 사업과 달리 무작정 방문해서는 안됩니다. 무작정 방문한다면 담당자가 자리를 비울 수도 있기 때문에 관련된 웹사이트를 통해 지원사업을 꾸준히 확인해야 하며, 공고 가이드라인에 맞춰서 준비를 하고 방문해야 합니다.

최근 정부의 창업지원사업은 다양하며 지원 기관도 많습니다. 대표적인 지원 기관은 중소벤처기업부 산하 창업진흥원이지만 모든 지원사업을 각 기관의 홈페이지에서 검색하는 것은 많은 시간과 에너지를 필요로 합니다. 관련 사업을 정리해 놓은 K-STARTUP(www.K-startup.go.kr)과 기업 마당(www.bizinfo.go.kr) 두 사이트는 관련 사업을 정리해 놓은 곳으로, 해당 사이트를 기억해 두고 매일 10분만 투자하면 적합한 정부지원사업을 찾을 수 있습니다.

다음은 R&D 자금 조달입니다. 스타트업이 정부의 R&D 지원사업에 참가하기는 쉽지 않습니다. 정부는 창업 기업을 위해 R&D 지원사업을 별도로 제공하고 있습니다. R&D 자금 조달은 국가 R&D사업관리(www.rndgate.ntis.go.kr)와 중소기업기술개발사업 시스템(www.smtech.go.kr)에서 R&D 지원사업에 대한 공고를 찾을 수 있지만 이 사이트만으로 어떤 사업에 지원해야 할지 결정하는 것은 쉽지 않습니다. 따라서 정부의 R&D 관련 사업 설명회에 적극적으로 참여하여 확인하는 것이 매우 중요합니다. 예를 들어, 지방중소기업청의 〈중소기업 찾아 가는 시황 설명회〉에 참석하면 정부의 지원사업과 R&D자금에 대한 더 많은 정보를 얻을 수 있습니다.

금융권을 통한 자금 차입

다음으로 금융기관을 통한 자금 조달에 대해 이야기해 보겠습니다. 첫 번째는 시중은행의 대출 심사 포인트는 원리금상환능력과 담보능력 그리고 신용도입니다. 이러한 요건이 충족된다고 판단될 경우 은행을 통한 대출을 고려할 수 있습니다.

2008년 서브프라임 모기지 사태 이후 BIS(국제결제은행)기준 적용으로 은행거래에서 기업신용도의 중요성이 증가하고 있습니다. 기업의 신용도 평가는 수익성 및 현금흐름 등 재무항목의 평가뿐만아니라 경영능력이나 업력 등의 비재무항목의 평가를 병행하여 이루어지고 있습니다. 그렇기 때문에 창업시점부터 기업의 신용도관리가 절대적으로 요구됩니다.

아래의 표를 보면 알 수 있듯, 창업을 위한 은행 대출은 은행에서 취급하고는 있지만 창업기업이 담보 없이 은행에서 대출을 받는 것은 결코 쉬운 일이 아닙니다. 그러므로 은행에서 대출을 받는 것은 어느 정도 사업이 성장한 후 고려해야 할 문제입니다.

평가 항목	평가 지표
안정성	안정성 부채비율, 자기자본비율, 차입금의존도, 비유동성장기적합률, 유동비율, 당좌비율
수익성	총자산세전이익률, 매출액영업이익률, 금융비용부담률, 이자보상비율
활동성	활동성 총자산회전율, 영업자산회전율, 매출채권회전율, 재고자산회전율
생산성	설비투자효율, 부가가치
성장성	유형 자산 증가율, 매출액 증가율
현금흐름	영업활동조달현금, 투자활동 후 현금흐름
기타	경영능력, 업계평판, 지분구조(경영권의 안정성), 기술력 등

두 번째는 증권회사, 신기술금융회사, 캐피탈사 자금 대출입니다. 대출을 목적으로 증권회사, 신기술금융회사, 캐피탈사를 방문할 때에는 담보 물건이 필수 조건입니다. 다만 신기술금융회사나 캐피탈사의 경우 현재 주택담보대출에 대해서는 LTV(주택담보대출비율), DTI(총부채상환비율) 기준의 적용을 받지 않기 때문에 타 금융사에 비해 대출 조건이 수월한 면은 있으나 담보 물건에 따라 대출 규모와 이자율의 변동성이 매우 크다고 볼 수 있습니다.

증권회사 영업점에서는 상장 주식을 담보로 대출이 가능하니

야 너도 대표될 수 있어

다. 주식담보대출의 경우 주식을 A~F등급으로 분류하고 있으며 보통 C등급까지가 대출가능 등급입니다. 증권회사의 IB(Investment Banking)는 모든 담보를 구조화하여 대출하고 있으나, 주로 50억원 이상의 큰 규모이며 신기술금융회사 및 캐피탈사는 담보 물건에 따라 대출을 진행하고 있습니다. 스타트업의 경우 증권회사, 신기술금융회사, 캐피탈사의 자금대출보다 중소기업진흥공단(중진공의 직접 대출, 시중은행을 통한 대리 대출), 기술보증기금, 신용보증기금(보증 후 시중은행에서 대출)을 통한 자금 조달에 주목해야 합니다. 기술보증기금이나 신용보증기금은 중소기업이 사금융에 비해 저리로 융자를 받을 수 있도록 지원하고 있기 때문입니다.

세 번째로 기술보증기금을 통한 자금 확보입니다. 기술보증기금은 기술혁신형 기업에 기술보증 및 기술평가를 중점 지원하는 준 정부기관입니다. 제조, IT 기반 스타트업이 성장할 수 있게 자금 조달 및 기술평가를 하는 기관으로 기술보증기금을 잘 활용할 경우 향후 사업에 많은 도움을 받을 수 있습니다. 기술보증기금은 기술에 대한 보증을 통해 매출이 부족한 초기 기업이 은행에서 조금 더 쉽게 대출을 받을 수 있게 해주며, 벤처기업 인증, 이노비즈 인증, 특허 가치 평가 등의 주요업무를 맡고 있습니다. 따라서 벤처기업 인증, 이노비즈 인증, 특허 가치 평가 등을 고려하고 있는 스타트 업이라면 기술보증기금을 활용하는 것을 추천합니다.

또한 벤처기업인증 등을 받게 되는 경우 일정 부분 세금 감면 및 정부지원사업에 가산점을 받을 수 있기에 IT등 기술 기반의 스타트업의 경우 기술보증기금을 적극 활용하시는 것이 바람직 합니다. 기술보증기금을 통한 차입의 경우 기술보증기금에서 대출해 주는 것이 아닌, 보증을 통한 대출이 됩니다. 기술보증기금에서 전자보증서를 은행으로 발급하고 실제 대출은 은행에서 진행되며 저금리로 3년 거치 후 일부 금액 상환 후 재 대출약정으로 진행됩니다. 기술보증기금을 통한 자금 차입 가능 사례를 알아보겠습니다.

먼저 기술보증기금의 예비창업자 사전 보증입니다. 창업준비 단계에서 기술평가를 실시하여 창업자금 지원가능금액을 제시하면 창업즉시 당초 제시한 창업자금 보증을 지원해 주는 제도로 일반창업과 전문가 창업으로 나누어 심사하게 됩니다.

일반 창업은 우수기술 및 아이디어를 보유한 예비 창업자를 의미

○ 지식재산권 사업화, 신성장산업 창업 예정인 자

○ 지식문화, 이공계 챌린저, 기술경력, 성장연계 창업예정자

○ 정부 지방자치단체, 공공기관 등에서 주관하는 창업교실, 창업인턴 수료 및 창업 경진 입상자, 예비창업자 지원사업(시제품 제작지원)에 선

정된 자, 창조경제타운 추천 및 아이디어 사업화 주체 등

전문가 창업은 교수, 연구원, 기술사, 기능장 및 특급기술자가 해당

○ 교수 : 고등교육법 제14조 제2항에 의한 교원

○ 연구원 : 기술의 이전 및 사업화 촉진에 관한 법률 공공연구기관에서 근무한 연구원

○ 기술사 및 기능장 : 국가 기술자격법제9조에 의한 기술자 및 기능자

○ 전공 및 해당 기술 분야 종사기간 등을 고려 시 '특급기술자'로 판단되는 자

창업분야	CCC등급	B, BB등급	BBB등급	A등급이상
일반창업	1억원	3억원	5억원	5억원
전문가 창업	1억원	3억원	7억원	10억원

보증지원한도

마지막으로, 신용보증기금 이용 방안입니다. 신용보증이란 담보 능력이 부족한 기업에 대하여 KODIT(신용보증기금)이 기업의 신용도를 심사하여 신용보증서를 금융 기관에 제공함으로써 대출

을 받을 수 있도록 돕는 제도입니다. 신용보증기금에 대한 구체적인 사항은 신용보증기금 웹사이트 (http://www.kodit.or.kr)에 잘 나타나 있습니다.

신용보증기금의 지원 상품은 중소기업 등에 대한 우선적 신용보증과 창업기업 대상 보증상품으로 분류할 수 있습니다. 먼저 중소기업 우선적 신용보증기금은 담보력이 미약한 중소기업과 수출지원금융자금, 기업의 생산성 향상에 기여하는 등 국민경제상 특히 필요한 자금에 대해 우선적으로 신용보증을 해주고 있습니다.

창업기업 대상 보증상품 신용보증기금에서는 창업초기기업의 성장단계별(예비창업보증 → 신생기업보증 → 창업초기보증 → 창업성장보증)로 구분하여 지원하는 맞춤형 보증 프로그램인 ① 유망창업 성장지원프로그램이 있습니다.

또한 창업 후 5년 이내의 창조적 아이디어와 기술력을 보유한 유망창업기업 중 미래 성장성이 기대되는 핵심 창업기업을 별도로 발굴 선정하여 최대 30억 원까지 보증을 지원하고 각종 우대도 최고 수준으로 지원하는 제도인 ② 퍼스트펭귄형 창업기업 보증 상품을 두고 있습니다.

구분	예비창업보증	신생기업보증	창업초기보증	창업성장보증
지원대상	창업 전 6개월	창업 후 3년 내	창업 후 3~5년	창업 후 5~7년
보증한도	10억 원 (시설포함)	10~ 20억 원	30억 원	30억 원
보증료	0.7%p 차감	0.4%p 차감	0.3%p 차감	0.3%p 차감
보증비율	100%	95~ 100%	95%	90%
비금융지원	경영 컨설팅 필요시 지원			

유망창업 성장지원프로그램

		1차 년도	1차 년도	3차 년도
업력		창업 후 5년 내		
대상기업		제조업 또는 신성장동력산업 영위기업, 유망서비스 대상 업종 중 신보의 "퍼스트펭귄기업 창업유형별 평가"결과 80점 이상		
보 증 한 도	총한도	총 지원 가능한도 30억 원		
	크 레 딧 라 인	신규 설정	3년 간 지원 한도 -> Min(30억 원, 3년차 추정 매출액 x 1/2)		
		연차별 한도	Min(20억원, 1년차 추정매 출액, 소요자 금)	Min(25억원, 2년차 추정매 출액)	Min(30억원, 3년차 추정매 출액 x 1/2)
보증료율		0.7% 고정보증료율		
보증비율		100%	95%	90%
비금융지원		- 투자옵션부보증, 보증연계투자 요청시 우선 지원 - 유동화회사보증 취급시 편입, 금리 우대 - 전문 경영컨설팅 및 Job-Matching 서비스 제공		

퍼스트펭귄형 창업기업 보증

VC(Venture Capital)를 통한 자금조달

금융기관에서 33년 동안 일하며 다양한 기업을 대상으로 자금조달을 수행한 경험을 바탕으로 투자자 관점(V.C)에서 스타트업 기업의 자금조달은 어떻게 준비해야 하는지 알아보겠습니다.

벤처 캐피탈을 통한 자금조달은 우리가 흔히 말하는 창업투자회사, 신기술금융회사와 같은 벤처 캐피탈(Venture Capital)에 국한되지 않습니다. 최근 업계에서 말하는 광의의 VC는 엑셀러레이터, 운용사, 벤처 캐피탈, 신기술금융회사, 캐피탈 등 스타트업 투자기관을 포괄적 의미로 엮어 사용하고 있습니다. 그 중 일반인들에게 생소한 엑셀러레이터는 벤처 창업의 적극적인 지원과 소액의 투자를 집행하는 등 창업에 필요한 모든 서비스를 제공하고 있으며 자금 조달의 한 축을 담당하고 있습니다. 그렇다면 엑셀러레이터 등 VC 주요 투자자들의 정의와 역할 그리고 스타트업에 어떻게 도움이 되는지 알아보겠습니다.

연방중소기업청(SBA)의 정책보고서에 따르면 엑셀러레이터는 유망 기업에 시드^{seed}단계의 투자를 제공하여 일부 지분을 취득하고, 데모데이를 마지막으로 하는 멘토링과 교육 세션이 정해진 기간 동안 기수기반으로 제공되는 프로그램을 운영하는 사업기관'으로 정의됩니다. 우리나라 '중소기업창업지원법'에서는 엑셀러레이터(창업기획자)를 초기창업자 등의 선발 및 투자, 창업자의 전문 교육을 주된 업무로 하는 자로서 중소기업청장에게 등록한 자로 정의하고 있습니다. 다시 말하면, 엑셀러레이터는 벤처기업과의 파트너십 개념으로 벤처창업의 실질적이고 적극적인 지원을 위해 3~6개월의 짧은 기간 동안 다수의 (예비)창업가를 대상으로 소액의 투자를 집행합니다. 이와 동시에 멘토링, 창업 아이디어, 창업 제반 행정서비스, 법률 서비스, 투자자 연계 등의 연관 서비스를 제공합니다. 또한 기업의 설립부터 업무공간 제공, 멘토링, 행정 및 법률, 경영 서비스 등 창업에 필요한 포괄적 서비스를 제공하기도 합니다. 이에 반해 엔젤투자자는 주로 창업기업의 초기단계에 시드머니를 투자하는 전문투자기관으로 보아도 무방합니다.

벤처캐피탈은 일반 VC와 CVC(Corporate Venture Capital)로 구분할 수 있습니다. 일반 VC는 앞서 설명한 것 같이 자기자본, 일반투자자, 기관투자자, 기업투자자를 모집해 스타트업에 투자하는 것이라면, CVC는 기존 기업이 자체적으로 펀드를 조성해 벤처기업에 투자하는 것이라고 할 수 있습니다. CVC 투자는 전 세계적으로 매년 증가하여 2019년에 공개된 CVC 펀딩 금액은 약 5,700억 달러입니다. 국내에서도 삼성벤처스, 아모레, 한미벤처스 등 CVC가 많이 늘어나고 있습니다.

야 너도 대표될 수 있어

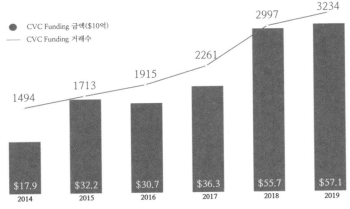

글로벌 CVC funding 금액 및 거래, CBINSIGHT

스타트업은 VC와 CVC 사이에서 자금조달과 경영목적에 맞는 접근이 필요합니다. 예를 들어 제약 분야의 스타트업이 단순히 자금이 필요하면 VC에 접근하는 것이 좋지만 사업적 협업 및 업계 진입이 필요하다면 제약사 CVC가 더 적합해 보입니다. 왜냐하면 CVC의 기본 목적은 대기업 등 기존 기업과의 시너지 형성이기 때문입니다. 또한, VC 와 CVC는 투자의사결정에 큰 차이가 존재합니다. VC의 투자결정은 투자심의위원회가 있어 대표이사만 결정하는 것이 아니라 투자심의위원회 위원 모두가 의사결정권을 가진 반면, CVC는 거쳐야 할 의사결정단계가 VC 대비 상대적으로 많습니다. CVC의 투자를 받으려고 한다면 해당 기업의 조직 중 가장 의사결정 능력이 있는 부서부터 공략해야 하는 어려움이 존재합니다.

앞서 설명 한 VC의 국내 스타트업 투자는 최근 급속도로 증가하는 추세입니다. 2019년 한 해 동안 공개된 자료에 의하면 스타트업에 606 건의 투자를 진행하였으며 이는 2018년의 413건에 비해 약 47%가 증가한 수치입니다. 투자 금액도 2018년의 1조 5,791억 원에서 224% 증가한 5조 1,153억 원으로 크게 증가하였습니다.

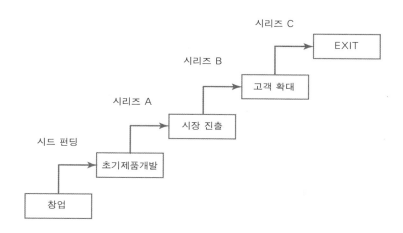

2019년 스타트업 동향보고서, 〈플래텀, 로켓펀치발〉

야 너도 대표될 수 있어

2020년의 경우에는 코로나 바이러스로 인해 국내 및 글로벌 기업들의 영업이익이 전년대비 30% 이상 감소되고 있는 상황이나, 업계에서는 국내 VC 투자가 매년 증가하고 있고 정부의 적극적인 정책지원에 힘입어 전년 대비 더 많은 투자가 진행되지 않을까 예측하고 있습니다. 그러면 다음 챕터에서는 VC를 통한 자금 조달 단계와 고려사항을 알아보겠습니다.

VC(Venture Capital)를 통한 자금 조달

벤처캐피탈(VC)을 통한 자금 조달은 스타트업의 단순한 제안으로 되는 것이 아니라 벤처캐피털, 즉 투자자들을 설득할 수 있는 사업의 목적과 향후 자금 조달 계획안이 포함된 사업계획서를 준비하여야 합니다. 투자자를 설득할 수 있는 10년 간의 사업 계획을 성장단계에 따라 구체적으로 작성하여 계획안을 제시해야 합니다. 다음과 같이 4단계의 계획안을 제시합니다.

성장단계에 따른 자금 조달 계획(안) 예시

○ 성장1단계(시리즈A): 초기제품개발에 필요한 개발자 영입, 베타제품 개발, 판매 담당 CEO 영입

○ 성장2단계(시리즈B): 시장 진출, 거래업체 일부 확보, 제품 출시, 매출 시작, 팀 구축 완료

○ 성장3단계(시리즈C): 시장 확대, 수익성 입증, 본격 시장 진출, 국제화

○ 성장4단계(시리즈D): 일부 매출 목표 달성, 4~6 투자기관 대기, M&A 검토, 해외시장 개척, EXIT 검토 등

VC투자란 성장 가능성과 경쟁력이 있는 기업에 투자하는 여러가지 형태의 자본을 말합니다. 수많은 VC들은 각자의 기업 가치 평가 모델을 가지고 스타트업 투자를 진행하고 있으며, 투자를 받은 기업은 엔젤투자자나 VC가 기대하는 수익률을 만족시키기 위하여 노력해야 합니다. 엔젤투자자나 VC를 만족시키는 여섯 가지 방법을 소개하겠습니다.

투자가들의 기본적 수익 평가 방식을 알고 있어야 합니다.

VC는 스타트업 투자 전 여러가지 평가 방식을 통해 투자를 결정합니다. 초기 스타트업의 미래 가치를 평가할 때 기업의 가치 평가에 수많은 추정치가 들어갈 수밖에 없습니다. 따라서 VC의 기본적 수익 평가방법은 투자를 집행하는 VC가 최종적으로 얼마의 투자금을 회수할지, 몇 배의 기대수익율을 달성할지에 초점이 맞춰

져 있습니다. 스타트업은 이러한 VC의 기대수익 배수 논리를 염두에 두고 VC와의 미팅 시 활용해야 합니다.

예를 들어 A기업의 현재 가치는 15억이고 A기업의 성장가능성과 경쟁력을 판단하여 VC가 5억의 투자를 결정했다고 합시다. 5년 후 A기업의 기업가치가 400억 정도가 될 것이라 가정을 한다면, 투자자들은 아래와 같은 산식을 통해 기대수익 배수를 구할 수 있습니다.

EXIT VALUE(최종회수 투자금) ÷ POST - VALUE(투자 후 기업가치)

   = 기대수익 배수

400억 ÷ (15+5)

   = 20배의 수익을 창출할 것으로 판단하여 투자하게 됩니다.

텀시트의 캡 테이블을 명확히 작성한 후 제안해야 합니다.

텀시트team-sheet는 투자가 진행되면서 대개 처음으로 작성되는 서류로 투자를 받는 회사가 투자하는 금융기관에 제공하는 '투자계약의 주요조건'을 뜻 합니다. 텀시트 내의 캡 테이블Capitalization Table은 투자에 따른 자본과 지분 비율의 변화를 표로 나타낸 것입니다. 텀시트는 투자의 규모와 투자회사의 종류에 따라 각기 다양한 형태를 가집니다. 텀시트 작성 시 주의 사항은, 텀시트는 투자의 주요 조건들을 정리한 합의서이기에 투자계약서와 같이 법적 구속력을 가지지 않는 것이 일반적입니다. 하지만 텀시트 작성 시에 일정한 투자계약의 내용에 합의하였다면 이를 투자계약서 작성 단계에서 변경 번복하는 것은 실질적으로 불가능합니다. 이 부분은 투자심의위원회를 거치면 수정할 수 있는 등 상호간 합의점을 찾아야 합니다.

텀시트의 내용에는 투자의 대가로 지분 제공, 이자지급 등 계약 내용이 포함되어야 하지만 주가가 낮아질 경우 전환가격이나 인수가격을 재조정할 수 있는 리픽싱refixing 조항에 대해서는 미래 논란이 발생될 소지가 없는지 고민하여야 합니다. 텀시트의 구성을 보면 투자자의 종류와 성향에 맞게 작성하여야 하며 오른쪽과 같이 작성할 수 있습니다.

구분	주요내용	계약서
피투자자	기업 명	-
총 투자금액	1,000,000,000원	-
투자자	코나아이파트너스(신기술금융회사)	-
투자방식	상환전환우선주 10,000주	-
투자내용	등기부상의 수권자본 투자 전 발생 주식 총수 투자에 따라 발생되는 우선주의 수 1주의 액면가 주당발행가액 기업가치(투자 전) 기업가치(투자 후) Option pool	-
주요조건	배당우선주 청산우선주 전환조건 상환조건 기타주요조건	-
기타주요조건	투자자 : 우선매수권,주식매수청구권, 공동매도권,동반매각권 이해관계인:주식매도 청구권	-
투자금 사용용도	-	-
위반시 제제	-	-

야 너도 대표될 수 있어

대주주 지분을 항상 고민해야 합니다

대주주 지분에 대한 의미를 심각하게 고민해야 합니다. 자금조 달 후 발생되는 이슈들 중 가장 큰 문제가, 자금이 급하다 보니 대 주주의 지분은 생각하지 않고 자금 조달을 하여 회사가 투자회사 에 넘어가는 경우가 흔히 발생하고 있다는 점입니다. 심지어 우호 지분이라 생각한 주주들까지 반대 세력에 넘어가 세상에 믿을 사 람 한 명도 없다고 하소연하는 사업가도 있습니다. 결론적으로, 스 타트업의 대주주 지분은 미래 자금 조달의 단계별 사업계획에 1순 위로 반영되어야 하며, IPO까지 확실한 우호 지분을 포함한 대주 주 지분을 고려하여 경영권을 방어할 수 있는 지분 비율을 고민하 여야 합니다.

'지분 희석 방지 조항'을 고려한 방어적 전략이 필요합니다

지분 희석 방지는 향후 투자 라운드에서 현재의 투자 가치 보 다 더 낮은 가격으로 투자가 이루어 질 경우 그 영향을 완화하고자 기존 투자자들에게 주어지는 보호책입니다. 지분 희석 방지 조항 이 회사가 기존 투자자들에게 지불한 주가보다 더 낮은 가격으로 투자라운드를 진행하고 있다면 이전 투자가들은 더 낮아진 가격으 로 재조정됩니다. 따라서 지분 희석을 방지하기 위해서 보너스로 추가 주식을 부여하거나 전환우선주의 보통주 비율이 조정됩니다. 이러한 논란 상황을 방지하고자 투자자들은 지분 희석 방지 조항을 아래 예시와 같이 요구할 수 있습니다.

"우리가 투자한 주당 가격이 공정한 가격이므로, 투자 순간부터 그 가격은 증가하여야 한다. 만약 다음 라운드에서 우리가 투자한 주가보다 더 낮은 가격으로 진행된다면 우리가 투자할 당시의 창업자를 비롯한 기존 주주들이 지분을 이전하여 그 당시 과도한 기업가치에 따른 높은 주당 가격을 지불하는 것으로 보상해야 한다."

전략적 이사회 구성으로 회사의 발전과 경영권 방어를 고민해야 합니다

이사회 구성원은 회사의 전략에 영향력을 행사할 수 있으며, 신규 고객을 소개하거나 새로운 경영진을 영입해서 회사 가치를 증대 시키는 역할을 합니다. 가장 큰 문제는 투자자들이 자신들이 투자금을 안전하게 보호한다는 명목하에 이사회의 구성원을 지명할 수 있는 권한이 있다는 점입니다. 이사회를 구성하는 데 있어 투자자의 제안을 받게 되는 경우 회사 발전을 위한 이사회를 구성할 수 있도록 신중히 결정해야 합니다.

야 너도 대표될 수 있어

투자를 받기 위해서는 어떤 PT를 준비해야 할까?

IR PT(Investor Relations Presentation)는 기업이 투자자들을 대상으로 하는 홍보활동을 뜻합니다. 스타트업은 자금 유치를 위하여 수많은 IR PT를 진행하게 됩니다. 2020 년 6 월 8 일 모 스타트업 대표가 신문사 기자와 함께 필자의 회사에 방문하여 자금조달을 위한 PT를 진행하였습니다. 스타트업 대표에게 "자금 조달을 위해 금융기관에 PT 많이 하셨죠?"라고 질문하였고, 그 대표는 "수 없이 하고 있다"라고 대답하였습니다. 대표의 발표 내용은 좋았고 진행도 깔끔하였습니다. 하지만 이 기업이 지금까지 자금 조달을 받지 못한 것은 왜일까요? 바로 투자자와 스타트업 사이에 관점의 차이가 존재하였기 때문입니다.

벤처 캐피탈의 투자는 수익을 창출하는 목적을 가지고 있는 개인 금융기관이지 자선단체가 아닙니다. 즉, 투자가 관점에서 무엇이 목적인지를 파악해야 하지만 대부분 스타트업의 자금 조달 설명회에서는 본인들 이야기만 쏟아 붓고 갑니다. 투자자들이 진정 원하는 것은 기업의 지속 가능성과 성장 가능성을 보여주면서 "투자하게 되면 적어도 2~3 년 또는 5 년 후 충분히 성장하여 원하는 밸류Value로 엑시트Exit할 수 있을 것이다"라는 설명이 추가되어야 합니다. 또한 PT 이전에 투자자 입장에서 무엇을 듣기 원하는지 회사의 자체적인 고민이 절실합니다. 필자는 이러한 부분을 스타트업 대표에게 조심스럽게 설명하였고 "지금까지 왜 투자회사들이 투자를 거절하였는지 이해하겠다"고 고백했습니다.

"[단독] PPT 2장으로 나랏돈 748억 따낸 '000의 신공'
공공기관인 00진흥원의 700억 원대 기금 투자를 유치하기 위해 0000 자산운용이 제시한 '상품 설명 '은 파워포인트(PPT) 문서 두 장에 불과했다"

　이것은 2020년 7월 화두가 된 기사입니다. 운용사가 정부의 기금투자를 유치하는데 PPT 2장만 가지고 700억 상당의 자금을 유치했다는 내용입니다. 물론 이 기사는 필자가 주장하는 것과 차이는 있지만, 강조하고 싶은 것은 투자자의 입장으로 발표가 구성되어야 하고 자료는 간결하고 명확하게 만들어져야 한다는 것입니다.

야 너도 대표될 수 있어

투자가 입장에서 자기자본^{equity} 투자의 기준

투자가는 스타트업에 어떤 기준으로 투자할까요? 스타트업 업계에서 바이블처럼 떠받들어지는 책이 있습니다. 에릭 리스의 저서 〈린 스타트업〉입니다. 에릭 리스는 매출액 5천만 달러를 기록한 스타트업 IMVU의 창업자입니다. 에릭 리스는 '극심한 불확실성'을 스타트업의 핵심 키워드로 보고, 스타트업을 '극심한 불확실성 속에서 신규 제품, 서비스를 만들고자 하는 조직'으로 정의하고 있습니다.

최근의 경제상황은 스타트업의 불확실성을 증가시키고 있습니다. 코로나 바이러스의 영향으로 글로벌 경제상황은 매우 어렵고 코로나 이전으로 회복될 것이라고 단정하기 어려운 상황입니다. 이러한 불확실한 상황에서 스타트업에 선뜻 투자하기란 투자가에게 결코 쉽지 않은 문제입니다. 투자가들은 이러한 여건에서 어떤 기준과 지표를 가지고 투자를 판단해야 할지 고민하고 있습니다.

과거 증권회사에서 스타트업의 자금조달은 주로 Pre IPO 단계의 스타트업 기업에 한하여 투자가 이루어졌습니다. 즉, 어느 정도 성장한 기업에 한하여 기업 검토가 이루어졌던 것입니다. Pre IPO 단계의 기업들은 초기 스타트업과 달리 재무제표 숫자가 나오기에 검증이 가능하기 때문입니다. 하지만 필자는 금융회사에서 일하며 Pre IPO 기업의 투자는 생각보다 리스크가 많다는 것을 경험하였습니다. 왜냐하면 상장을 1~2년 앞둔 Pre IPO 기업들은 기업의 마지막 자금조달을 위한 단계이기에 대부분 증권사에 높은 주식 가격을 요구하기 때문입니다. Pre IPO 기업에 높은 가격(Value)이 측정되면 증권사(투자자)는 많은 리스크를 안아야만 하며 상장 후 주가에 대한 부담이 있습니다.

이러한 여러 이유들로 필자는 현재 신기술금융회사 CEO로 재직하며 스타트업의 투자 방향을 오히려 초기 단계의 유망한 스타트업 기업을 발굴하여 투자하는 것을 목표로 하고, 투자 결정은 3년 내에 시리즈 C에서 EXIT가 가능할지를 기준으로 판단합니다.

창업 후 1~2년 정도의 스타트업은 대부분 적자 기업입니다. 그렇다면 스타트업 투자의 기준은 재무제표가 아닌 다른 기준이 필요합니다. 필자는 재무제표보다는 이 기업이 시장의 트렌드에 맞는지, 지속적 비즈니스가 가능한지, 중장기적 성장이 가능한지를 가장 먼저 검토합니다. 이러한 부분이 충족된다면 스타트업의 대표와 미팅하게 되는데, 어느 지표보다 중요시하는 것은 기업의 대표가 어떤 이미지를 가지고 있느냐 하는 부분입니다. 즉, 대표가 해당 분야에서 얼마나 종사했고 이 업종에 인사이트를 가지고 있는지를 확인합니다. 또한 기업의 존폐와 관련된 어려움이 있어도 끝까지 기업을 경영할 수 있는 인내심을 가지고 있는지를 파악하여 투자 결정을 내리고, 이후 스타트업 대표와 저녁을 하며 전체적인 사항을 한 번 더 점검합니다.

투자자의 입장에서 투자 판단의 가장 기본적인 개념을 알아봅시다. 초기 스타트업 기업은 대부분 적자 기업이어서 투자 기관에서 재무기법을 통한 의사결정을 내리기 어렵습니다. 하지만 순현재가치(NPV)와 내부수익률(IRR)은 투자 기관 입장에서 스타트업 투자 결정을 내리게 되는 기본적인 재무기법이므로 자세히 소개하고자 합니다.

순현재가치(NPV)

　순현재가치 개념을 처음 듣는 경우 한 번에 이해하기 어려울 수 있으므로, 몇가지 예시를 통해 설명해보고자 합니다. 순현재가치의 개념은 '화폐의 현재가치' 즉 시간 개념에서 시작합니다. 우리는 2021년의 1만 원과 2031년의 1만 원의 가치는 다르다는 것을 알고 있습니다. 시간이 흐를수록 인플레이션으로 화폐의 가치는 떨어지기 때문입니다. 미래의 1만 원 보다 현재의 1만 원이 더 가치가 있다는 말이지요. 이를 감안하여 투자 기관에서는 미래에 얻게 되는 수익을 현재의 가치로 얼마인지를 계산하고, 현재 들어간 투자 비용과 비교하면서 투자 결정을 내리게 됩니다.

　순현재가치(NPV, Net Present Value)는 투자한 각 연도에 발생하는 투자 비용과 현금 흐름을 적절한 할인율(보통 시장 이자율을 사용)로 할인하여 현재가치를 구하는 것을 말합니다. 쉽게 설명하자면, 어떤 투자에서 발생하는 모든 현금유입액(수익)을 현재 시점 가치로 모두 당겨온(할인)값과 투자로 발생되는 현금 흐름(비용)을 현재 시점 가치로 할인한 값의 차이를 말합니다.

　NPV = 현금 유입액의 현재 가치 - 비용(현금 유출액)의 현재 가치

예를 들어보겠습니다. "A금융회사는 신기술금융회사이다. A금융회사는 1,000억 원을 B스타트업에 투자하면 향후 4년간 각 100억, 300억, 400억, 500억 원의 수익이 발생할 것으로 예상하고 있다. 이 때 시장 이자율은 연 10%이고 소득세가 20% 발생한다고 가정한다면, 이 투자 제안에 투자해도 괜찮을까?"

결론부터 말씀드리면, A회사는 B기업에 투자해서는 안됩니다. 그 이유는 아래와 같이 순현재가치를 계산하였을 때 순현재가치가 마이너스 즉, 손실이 발생하기 때문입니다. 투자금은 현재 가치 그대로 1,000억입니다. 현금 유입액의 현재 가치의 경우, 각각의 수익 100억, 300억, 400억, 500억은 미래 가치가 되므로 현재 가치로 만들기 위해서는 이자율만큼 할인을 해주어야 합니다. 그리고 소득세율을 차감해 주어야 됩니다.

N년 차의 수익: Profit*(1-소득세율)/(1+이자율)^N

1년 차의 수익: 100*(1-0.2)/(1+0.1)^1=72.7

2년 차의 수익: 300*(1-0.2)/(1+0.1)^2=198.2

3년 차의 수익: 400*(1-0.2)/(1+0.1)^3=240.4

4년 차의 수익: 500*(1-0.2)/(1+0.1)^4=273.2

이렇게 해서 4년 차까지의 총 수익은 72.7 + 198.3 + 240.4 + 273.2 = 785.1 억 원이 되므로 투자금 1,000억 원으로 214.9억 원 손해가 나는 셈이며, NPV값은 마이너스가 됩니다. 따라서 이 사업에 투자를 하면 안 된다는 결론이 나옵니다. 즉, 투자기관은 투자의 순현재가치가 0 이상의 값을 가질 때 투자를 고려하게 된다고 할 수 있습니다.

내부수익률(IRR, Internal Rate of Return)

이번에는 순현재가치법과 유사한 개념인 내부수익률(IRR)에 대해 알아보도록 하겠습니다. 내부수익률을 계산하려면 재무계산기나 엑셀이 필요하기에 개념에 대해서만 설명하겠습니다. 내부수익률은 어떤 투자계획에서 발생하는 비용과 편익(유입되는 현금)의 흐름이 있을 때, 해당 투자계획의 현재 가치를 '0'으로 만들어주는 할인율을 말합니다. 즉, IRR은 순현재가치(NPV) = 0이 되는 경우의 수익률입니다.

조금 더 풀어 설명해 보겠습니다. A라는 투자기관이 현재 자산 가치와 미래의 현금 유입액을 알고 있는 여러 스타트업에 대한 투자를 고려하고 있다고 가정해 봅시다. A 투자기관은 여러 투자안 중에서 투자 대비 수익률이 가장 높은 사업을 선택할 것입니다. 이

때 그 여러 투자안들의 수익률을 비교할 수 있도록 산출하는 것이 내부수익률입니다. 투자안의 IRR이 자금의 기회비용인 이자율(예: 예금 이자율)보다 크다면 해당 투자 계획은 채택될 것입니다. 또한 여러 투자 안을 동시에 고려하는 경우에 IRR이 이자율보다 큰 사업이 여러 개 있다면 IRR이 가장 큰 사업을 채택하면 됩니다. IRR의 장점은 IRR수익율이 비율(%)이기에 매우 직관적인 개념이라는 것입니다. IRR은 프로젝트의 평가방법에 대해 자세히 모르는 사람들과 의사소통시 아주 단순 명료한 방법으로 많이 사용되니 VC와의 미팅 전 참조하면 도움이 될 개념입니다.

창업기업의 회계관리

★

회계는 경영자에게 있어 필수 역량입니다. 엔지니어 출신의 CEO
라 회계를 전혀 모른다는 변명은 투자자의 이해를 구하기 어렵습
니다. 대표는 투자 기관과의 미팅에서 본인 기업의 전반적인 재무
제표를 설명할 수 있을 정도의 회계 지식이 필요합니다.

　스타트업에 있어 회계는 투자자가 회계 정보를 믿고 의사결정
을 할 수 있도록 회사의 경제적 정보를 식별하고 측정하여 전달하
는 과정이라 정의할 수 있습니다. 회계가 제공하는 정보는 시간 개
념에 따라 두 가지로 분류할 수 있는데, 회사의 특정 시점의 경제
적 자원을 보여주는 재무상태표(대차대조표)와 특정 기간의 경제
적 흐름(Flow)에 관한 손익계산서, 그리고 현금흐름표가 있습니

다. 스타트업 경영자라면 앞서 소개한 재무상태표, 손익계산서, 현금흐름표 안의 계정 정도는 알고 있어야 하며, 중요한 의사결정으로 일어날 재무제표 효과를 담당자의 설명을 듣고 이해할 수 있는 수준의 지식이 필요합니다.

구분	창업 벤처 중소기업
회계처리	발생되는 사항에 대하여 누락없이 즉시 기록함 회계장부 기준으로 일관성 있게 처리 가지급금이나 가수금이 발생하지 않도록 함 연구개발비 계정을 정확히 기장
위탁기장 관리	정기적으로 기초적인 증빙 서류를 빠짐없이 제출 영수증 세금계산서 등 지출과 관련된 서류를 제출 회사의 사업현황을 이해할 수 있도록 가족 인증서류도 제출 정기적으로 기장내용이 사실과 부합되는지 확인(매월, 분기)
회계정보 의 활용방안	정기적으로 자산, 부채, 자본 및 매출액과 관계비용의 증감내 용을 파악 회계정보를 월별비교, 연도별 비교,산업표준과의 비교,경쟁 기업과의 비교를 함 매출액과 발생비용의 구성비율을 파악 자금의 차입,투자유치 정부과제의 수행, 지원제도의 활용 시 관련 자료를 제출

회계시스템 관리와 회계정보의 활용

★

창업기업의 세무관리

사업을 하는 경우 세무 문제는 피할 수 없습니다. 사업 소득의 발생, 재산의 보유, 이전 소비 거래행위 등에는 반드시 세무 문제가 발생하게 됩니다. 세무 문제는 마지막까지 미루고 회피하는 것 보다 사전에 적극적인 대처가 필요하며 합리적인 준비를 통해 절세하려는 자세가 필요합니다.

절세의 개념을 더욱 명확히 정의한다면 세법이 허용하는 범위 내에서 합법적, 합리적으로 세금을 줄이는 행위라 할 수 있습니다. 기업 경영 중 발생하는 비용과 투자에 대한 증빙 자료의 철저한 수집과 정확한 기장이 필수이며, 세법상 조세 지원 제도의 충분한 활용이 필요합니다. 세법상 정하는 의무사항의 철저한 이행이 결과적으로 조세 절약으로 이어져 자금 지출이 감소된다는 사실을 명심하여야 합니다. 창업자의 조세감면 대상을 확인하기 위해서는 최소한 다음 사항 정도는 숙지해야 합니다.

사업자 별 국세(법인세, 소득세) 감면

구분	창업보육센터 사업자
대상소득 및 세금	"중소기업창업 지원 법"제6조의 규정에 의하여 창업보육센터 사업자로 지정 받은 내국인
적용법위	당해 사업에서 최초로 소득이 발생한 과세연도(사업개시일부터 5년간 되는 날이 속하는 과세연도까지 당해사업에서 소득이 발생되자 아니하는 경우에는 5년이 되는 날이 속하는 과세연도)와 그 다음 과세연도까지 당해 사업에서 발생한 소득에 대한 소득세 또는 법인세
면제세액	당해 사업에서 발생하는 소독에 대한 소득세 또는 법인세의 100분의 50에 상당하는 세액을 감면(다만 2018년 12월31일 이전에 창업한 청년창업기업에 대해서는 해당 사업에서 발생한 소독에 대해서 최초로 소득이 발생한과세연도와 그 다음 과세연도의 개시일부터 2년 이내에 끝나는 과세연도에는 소득세 또는 법인세의 100분의 75에 상당하는 세액을 감면하고 그 다음 2년에 이내에 끝나는 과세연도에는 소득세 또는 법인세의 100분의 50에 상당한 세액을 감면한다)

야 너도 대표될 수 있어

구분	창업 중소기업
대상소득 및 세금	2018년 12월31일 이전에 수도권과밀억제권역 외의 지역에서 창업한 중소기업
적용범위	당해 사업에서 최초로 소득이 발생한 과세연도(사업개시일부터 5년간 되는 날이 속하는 과세연도까지 당해사업에서 소득이 발생되지 아니하는 경우에는 5년이 되는 날이 속하는 과세연도)와 그 다음 과세연도까지 당해 사업에서 발생한 소득에 대한 소득세 또는 법인세
면제세액	당해 사업에서 발생하는 소득에 대한 소득세 또는 법인세의 100분의 50에 상당하는 세액을 감면(다만 2018년12월31일 이전에 창업한 청년창업기업에 대해서는 해당 사업에서 발생한 소득에 대해서 최초로 소득이 발생한과세연도와 그 다음 과세연도의 개시일부터 2년 이내에 끝나는 과세연도에는 소득세 또는 법인세의 100분의 75에 상당하는 세액을 감면하고 그 다음 2년에 이내에 끝나는 과세연도에는 소득세 또는 법인세의 100분의 50에 상당한 세액을 감면한다)

구분	창업 벤처 중소기업
대상소득 및 세금	창업 후 3년이내에 2018년 12월 31일까지 벤처기업으로 확인받은 기업
적용법위	당해 사업에서 최초로 소득이 발생한 과세연도(사업개시일부터 5년간 되는 날이 속하는 과세연도까지 당해사업에서 소득이 발생되자 아니하는 경우에는 5년이 되는 날이 속하는 과세연도)와 그 다음 과세연도까지 당해 사업에서 발생한 소독에 대한 소득세 또는 법인세
면제세액	당해 사업에서 발생하는 소독에 대한 소득세 또는 법인세의 100분의 50에 상당하는 세액을 감면(다만 2018년12월31일 이전에 창업한 청년창업기업에 대해서는 해당 사업에서 발생한 소독에 대해서 최초로 소득이 발생한과세연도와 그 다음 과세연도의 개시일부터 2년 이내에 끝나는 과세연도에는 소득세 또는 법인세의 100분의 75에 상당하는 세액을 감면하고 그 다음 2년에 이내에 끝나는 과세연도에는 소득세 또는 법인세의 100분의 50에 상당한 세액을 감면한다)

야 너도 대표될 수 있어

지방세의 감면

구분	감면대상	취득세의 추진사유
지방소득세	법인세, 소득세의 감면 대상과 같음	취득일로부터 2년이내에 당해 재산을 정당한 사유없이 당해 사업에 직접 사용하지 아니하거나 다른 목적으로 사용처분(임대포함)하는 경우 정당한 사유없이 최초 사사용부터 2년간 당해 사업에 직접 사용하지 아니 하거나 처분하는 경우
취득세	창업일(벤처기업확인일)부터 4년 이내에 취득하는 사업용 재산에 대한 취득세의 75%	
등록면허세	창업중소기업의 법인설립 등기와 창업일부터 4년이내 증자 시 등록면허세 면제 창업 중에 벤처기업으로 확인 받은 중소기업이 그 확인을 받은 날로부터 1년 이내에 행하는 법인설립의 등기	
재산세	당해 사업에 직접 사용하는 사업용재산(건축물 부속토지의 경우에는 공장입지기준 면적이내 또는 용지지역 적용배율이내의 부분에 한함)→창업일(벤처확인일)부터 5년간 재산세의 100분의 50에 상당하는 세액을 감면	
대상기업	2018년 12월31일까지 수도권과밀억제권역 외의 지역에서 창업한 중소기업 2018년12월31일까지 창업 후 3년 이내에 벤처기업으로 확임 받은 기업	

투자자 관점에서 무엇이 목적일지 파악할 것

★

도약을 위한 필수 조건

기업가 정신

PART. VI

★

왜 기업가정신을 이야기하는가?

우리는 매일 혁신하는 사회에서 살고 있습니다. 전에는 불가능할 것 같았던 상황들이 현실이 되었습니다. 4차 산업 혁명 시대인 지금, 정보 통신 기술의 융합이 매우 중요해졌으며 물리적, 생물학적, 디지털적 세계를 빅데이터에 입각해서 통합시키는 신기술이 경제 및 산업 등 다양한 분야에 영향을 미치게 되었습니다.

　지능 정보 기술로 인한 산업 구조 변화는 필연적으로 일자리 및 업무 성격 등을 함께 변화시키고, 우리 삶의 총체적 변화를 가져왔습니다. 우리는 인공 지능 로봇이 할 수 없는 창의적인 일들과 감성적인 협력을 해야 하고, 데이터와 기술에 대한 가치 인정 및 지능 정보 기술을 활용해야 할 것입니다. 기술 발전과 변화를 따라가며 새로운 가치를 창출하고 경쟁력을 확보하기 위해서는 어떠한 역량이 필요할까요? 당신의 리더는 누구이며 그 리더는 변화와 혁신을 만들 수 있는 충분한 리더십을 가지고 있습니까? 함께 일하는 동료들은 어떤 사람들입니까? 구성원들은 함께 소통하며 협력하는 팀워크를 보유하고 있습니까? 기업문화와 업무 환경은 어떻게 구성되어 있습니까? 이러한 질문들에 하나하나 답함으로써, 구성원들이 계속 머물며 일하고 싶은 직장인지, 아니면 버티지 못하고 곧 떠날 수밖에 없는 직장인지가 판가름 날 수 있다고 생각합니다.

특히, 4차 산업혁명 시대에는 기업내의 역량 있는 우수 인력들이 얼마나 많은가에 따라 그 기업의 가치가 달라지므로, 기업가들은 우수한 인력들이 채용 후에도 지속적으로 머물게 하기 위해 엄청난 노력을 기울이고 있습니다.

그렇다면 기업의 중심인 기업가는 변화와 혁신을 만들기 위해 어떠한 기업가정신이 필요할까요? 기업가는 새로운 사업을 수행하는 사람이라는 의미를 갖고 있으며, 혁신을 처음으로 이야기했던 슘페터[26]에 의하면 창조적 파괴를 유발하는 혁신 활동을 하는

---

26 Schumpeter: 오스트리아 출신의 미국 이론경제학자. 경기순환에 관한 이론과 역사 · 통계의 종합적 성과인 《경기순환론》을 저술하였으며 케인스와 더불어 20세기 전반의 대표적 경제학자로 평가된다.(두산백과)

야 너도 대표될 수 있어

자로도 정의됩니다. 또한, 미국의 경제학자 프랭크 나이트[27]는 기업가를 "불확실성을 어깨에 짊어지고 가는 자"라고 이야기했으며, 피터 드러커[28]는 "새롭고 이질적인 것에서 유용한 가치를 창출해내고 변화에 대응하며 도전하여 변화를 기회로 삼는 사람"이라고 정의했습니다.

이러한 기업가의 정의를 간추려 정리해보면 모두 '새로운 것을 시도하는 사람'이라는 뜻을 내포하고 있다고 생각됩니다. 그러므로 기술이 빠르게 발전하고 기업의 사회적 책임 또한 강조되고 있는 현 시대에서 기업가는 기술 트렌드를 명확히 이해하고 불확실한 상황에서 비전을 제시할 수 있어야 합니다. 또한 기업의 존재 목적인 이윤 창출과 더불어 혁신과 변화를 통해 사회적 가치에 기여해야 합니다.

그러나 세계적으로 잘나가는 기업임에도 불구하고 기업 내부뿐만 아니라 사회적으로도 이슈를 일으켰던 기업들이 있습니다.

---

27   Frank Hyneman Knight: 미국의 경제학자, 사회철학자로서 순수이론 경제학의 수립자이자 시카고학파의 창시자 중 한 명이다. 확률 분석의 대상이 되는 위험문제와 그렇지 않은 불확실성 문제를 구별하고, 후자를 이윤발생의 원천으로 보는 동시에 기회비용개념을 확립하여 한계수익균등의 법칙을 수립하였다. (두산백과)

28   Peter Ferdinand Drucker: 미국의 경영학자. 현대 경영학을 창시한 학자로 평가받으며 경제적 제원을 잘 활용하고 관리하면 인간생활의 향상과 사회발전을 이룰 수 있다고 생각했다. 그는 이런 신념을 바탕으로 한 경영관리의 방법을 체계화시켜 현대 경영학을 확립하였다. (두산백과)

그러므로 기업문화와 업무환경을 어떻게 만드느냐가 기업의 성장과 더불어 채용한 인력을 계속 유지하기 위해서도 매우 중요합니다.

설문조사 결과 세계에서 일하고 싶은 기업 3위에 오른 미국 페이스북은 구인구직 전문기관 중 하나인 글래스도어(glassdoor.com) 사이트에서 순위가 하락하는 사건이 발생하였습니다. 몇몇 퇴사한 직원들은 자신이 몸담고 있던 조직을 '광신적 종교집단'[29]이라고 까지 표현했습니다. 그렇게 젊은이들이 일하고 싶어하던 직장에서 왜 이런 일이 벌어진 것일까요?

2019년 1월 CNBC 보도에 따르면, 페이스북은 실제로 구성원들의 불만을 키울 수 밖에 없는 극도의 탑다운^{Top-down} 의사결정 방식을 따르도록 강요받고 있었으며, 직원들은 회의에서 하고싶은 말이 있어도 자신이 진정 이야기하고자 하는 바를 표현할 수 없었다고 합니다. 몇몇은 자신의 생각을 여과 없이 이야기하여 리더 및 임원들로부터 꾸중을 들었다고 합니다. 전직 직원들은 인터뷰에 의하면, 그들은 리더의 명령에 무조건적으로 따라야만 했으며 어떤 질문도 할 수 없었다고 언급했습니다.

---

29 〈Inside Facebook's 'cult-like' workplace, where dissent is discouraged and employees pretend to be happy all the time〉, CNBC News, PUBLISHED TUE, JAN 8 201912:00 PM EST

야 너도 대표될 수 있어

일례로, 2016년 미국 대통령 선거 당시 페이스북 편집부 팀원들이 회사가 보수적인 뉴스 기사에 대해 억압했다는 정보를 누설하려고 하자 즉시 해고되는 상황이 벌어졌다고 합니다.

또한 직원들은 사내 구성원 평가 시스템[30]에 대해 많은 불만을 품고 있었습니다. 직원들은 현재 한국 기업들도 꺼려하는, 회사의 동료들과 퇴근 후 회식에 참여하도록 강요 받았다고 합니다. 행사에 참석하지 않았던 구성원들은 팀 회식에 참석하지 않았다는 비판을 받거나 왕따가 되는 일도 있었다고 합니다.

이와 같은 근무환경에 적응하기 위해, 몇몇 직원들은 리더나 다수가 모이는 행사에는 무조건 동참하고 피상적으로 소셜 미디어 활동을 하며 평가 시스템에 자신의 행동들이 반영되도록 노력했다고 합니다. 참고로 실리콘밸리에 있는 다수의 기업들도 이와 유사한 리뷰 시스템을 구축하고 있었습니다. 그러나 결국 여기저기서 불만이 터져나오자 이런 시스템은 폐지되고 말았습니다.

어쨌든 페이스북의 비합리적이었던 기업 문화로 인해 직원들은 회사들의 안티가 되며 많은 불만을 표출했습니다. 어떤 조직이든 회사가 직원들에게 제도와 업무 환경을 비합리적으로 강하게 밀어 부칠 때 직원들이 퇴사를 고려하는 것은 당연합니다. 그리고

---

30 Stacked Ranking System이라고 불리는 시스템이다

그런 직원들이 회사를 떠나면 회사에 대한 비판은 끊임없이 증가할 수밖에 없습니다.

많은 경우 조직 문화가 흐트러지고 직원들의 충성도와 사기가 떨어지기 시작한 경우, 이를 되돌려 놓기란 결코 쉽지 않습니다. 거의 대부분의 기업들이 이를 방치하다가 쇠락의 길을 걷곤 합니다. 그러나 암울해진 조직을 구성원들이 다시 일하고 싶은 조직으로 변화시킨 사례들 또한 존재 합니다. 그러한 사례를 자세히 연구해보면 공통적으로 리더들의 헌신적인 노력과 함께 '기업가 정신'이 자리잡고 있습니다. 그러한 리더들이 공통적으로 갖고 덕목인 '기업가 정신'은 어쩌면 회사의 기술력이나 자금력보다 더 중요한 가치일 수도 있습니다. 리더가 조직 구성원들에게 어떠한 가치를 심어주느냐, 어떠한 전략으로 시장에 대처하고 경쟁을 승리로 이끌어 나가느냐에 따라 망해가는 기업이 살아나기도 하고, 잘 나가는 기업이 순식간에 사라지가도 하는 사례들을 수없이 경험해왔기 때문입니다.

여기서 잠시 기업가정신이 필요로 하는 기업가적 전략을 몇가지 정리해보겠습니다. 다음과 같은 5개의 전략(총력 전략, 게릴라 전략, 기업가적 유도, 틈새 전략, 고객 창조 전략)으로 이루어져 있는데, 그 세부 내용을 살펴보면 다음과 같습니다.

야 너도 대표될 수 있어

총력 전략

총력 전략은 지금 당장 큰 사업을 창출하는 것이 목적은 아니지만 초기부터 영구적인 주도권을 장악하기 위해 노력합니다. 또한 시장을 지배하는 기업을 창조하기 위해 노력하지만 무조건 대기업이 되는 것이 목표는 아닙니다.

게릴라 전략

게릴라 전략은 적의 약한 곳을 공격하는 전략인데, 새로운 수요를 창조하기보다는 기존의 수요를 만족시키는 것입니다. 그렇기 때문에 시장 지향적이라고 할 수 있습니다.

기업가적 유도

기업가적 유도 전략은 다른 기업의 힘을 반대로 이용하는 전략을 말하는데, 앞서 나가는 기업들이 전혀 전력을 기울이지 않는 곳을 노리는 전략입니다. 성공과 실패가 크게 갈리게 됩니다.

틈새 전략

틈새 전략은 위에 말한 전략들과 다르게 시장 통제를 목표로 합니다. 이 전략은 소규모 시장에서 실질적인 독점을 노리며 경쟁

에 대한 면역력을 기르고 최종 목표는 다른 이들로부터 도전 받지
않는 성공적인 기업으로 만드는 것 입니다.

고객 창조 전략

기업의 목적은 고객을 창조하는 것이며, 고객을 창조하는 것이
경제적 활동의 궁극적인 목적이라고 볼 수 있습니다. 고객 창조 전
략은 혁신 그 자체를 전략으로 보며 기존에 있던 제품이나 서비스
를 새롭게 바꿔버리는 것을 목표로 합니다. 겉으로 보기엔 아무런
변화가 없어 보여도 경제적으로는 다르고 새로운 것이 창출됩니
다. 이 전략의 성공 여부는 고객에게 제공하는 것에 따라 결정되므
로 기업가정신은 항상 시장에 초점을 맞춰야 하고 시장 지향적이
어야 합니다.

잠자던 IT 공룡을 '혁신 모델'로 변화시키다

기업가 정신이란 혁신을 통해 가치를 창출하고 이를 사회에 분배하는 것이며, 이러한 혁신적 기업가 정신은 비단 벤처기업이나 스타트업에서만 나올 수 있는 것은 아닙니다.

마이크로소프트는 1999년에 주가 최고치인 58달러를 기록한 후 지속적으로 하락하여 2016년 말 다시 회복하기까지 절반 이상까지 주가가 떨어졌지는 슬럼프에 허덕였습니다. 오랜 침체에서 마이크로소프트를 구해낸 사람은 다름아닌 2014년 CEO에 오른 사티아 나델라^{Satya Nadella}였습니다.

당시 최고의 IT기업 중 하나라고 평가받던 마이크로소프트였으나 조직 내부에서는 관료주의, 윗사람 비위 맞추기, 지난한 설득

과정과 논쟁 뿐이었다고 합니다. 이렇듯 과거 PC에 기반한 윈도우 운영체제 및 오피스 설치에 대한 로열티 수익 극대화에 만족했던 마이크로소프트는 세계적인 IT 트렌드가 모바일과 클라우드로 바뀌면서 애플, 구글, 아마존, 페이스북 등 경쟁사로부터 엄청난 공세에 밀려 지속적으로 회사의 가치가 폭락했습니다. 그러나 변화와 혁신은 커녕 사내에는 부서 이기주의와 패배주의가 만연했다고 합니다.

이런 암울한 상황에서 사티아 나델라는 기존의 전통적이고 관료적인 사고에서 벗어나 PC에 기반한 비즈니스 모델에서 탈피하고 미래를 내다보는 혁신과 변화로 'Mobile First, Cloud First'라는 새로운 비전을 천명하였습니다. 또한, 인도 태생의 엔지니어에다가 마이크로소프트 내부 출신이라는, 업무에 다소 불리할 수도 있는 배경을 극복하면서 공감능력이 리더의 가장 중요한 덕목이라는 사실을 확인시켜주었습니다. 그리고 패배주의가 만연했던 마이크로소프트 구성원들에게 자신감을 가져다 주는 등 경영 혁신과 기업가 정신을 갖춘 리더로서의 자질과 통찰력을 보여주었습니다.

과거에 훌륭한 CEO였다고 할지라도 자신들의 과거 경험과 성공에 얽매여 고집스럽게 그들만의 방식과 전략에 의존하여 실패하는 경우를 우리는 많이 지켜봤습니다. 하지만 사티아 나델라를 혁

야 너도 대표될 수 있어

신적인 기업가 반열이라고 감히 말할 수 있는 것은, 마이크로소프트의 꼿꼿했던 과거의 성공 방식에서 탈피하여 새로운 비즈니스 모델을 창출했다는 사실 때문입니다. 거대한 공룡과도 같던 조직을 변화시킨 이면에는 혁신적 사고, 비전, 전략과 더불어 분명 리더로서의 각고의 노력이 숨어있었을 것입니다.

혁신의 결과 - 변화와 성장

마이크로소프트는 과거 경쟁자에게 매우 가혹하고 까다로운 기업
이라는 평가를 받았습니다. 1974년 창업한 마이크로소프트는 MS-
DOS를 시작으로 전 세계 운영체제 소프트웨어를 장악하기 시작했
으며 윈도우 시리즈의 절대적 성공을 기반으로 운영체제 뿐만 아
니라 소프트웨어 시장의 절대강자로 등극하게 되었습니다. 그러나
성공의 뒤에는 수많은 소송이 뒤따랐습니다. 90년 6월 미연방무역
위원회(FTC)가 마이크로소프트의 PC운영체제시장 독점혐의 조사
를 착수한 이래 애플과의 GUI(Graphic User Interface) 싸움, 썬 마
이크로시스템즈와의 자바 논쟁, 리눅스 회사인 칼데다, 인터넷 회
사인 블루마운틴 아츠와의 반 독점 소송과 더불어 백여건에 이르

는 민사 소송들까지, 마이크로소프트의 독점 소송은 창업 시점부터 쉼없이 이어졌습니다. 이렇듯 파트너십은 거의 대부분 한쪽 참가자가 하나를 얻으면 반드시 다른 참가자가 하나를 잃는다는 제로섬 게임으로 여겨져왔습니다.

하지만 최근 4차 산업혁명과 함께 디지털 트렌스포메이션Digital Transformation이 전개되는 현 시대에는 모든 기업과 업계가 잠재적인 파트너라고 확신합니다. 또한, 경쟁사와의 전략적 파트너십은 회사의 핵심 사업 강화와 밀접한 연관이 있어야 하며, 궁극적으로는 고객을 위한 추가적인 가치 창출에 초점을 맞춰야 합니다. 고객들에게 인기를 끄는 경쟁사의 플랫폼 위에서 우리의 제품이 동작하도록 만들 수 있다면 이는 자사 제품을 위한 최고의 광고, 홍보 효과로 이어질 수 있을 것입니다.

마이크로소프트의 경우 회사 방향이 'Mobile First, Cloud First'로 돌아서면서 전략적 파트너십 제휴 방식 또한 일대 변화를 겪고 있습니다. 사티아가 CEO가 된 후로 클라우드, AI, 5G 등 첨단 IT 기술 분야에서 전략적 협업을 활발히 확대하고 있기 때문입니다.

몇 가지 예를 들어 보겠습니다. 마이크로소프트는 가장 강력한 경쟁자인 애플의 iOS에서 자사의 오피스 소프트웨어를 구동시켰습니다. 뿐만 아니라, 오피스를 안드로이드 플랫폼에서 동작시키기 위해 구글과도 협력하고 있습니다. 그리고 페이스북이 개발하는 모든 애플리케이션을 윈도우 제품에서 동작할 수 있도록 하고, 마이크로소프트의 게임 앱인 마인크래프트를 페이스북의 VR 기기인 오큘러스 리프트에서 동작할 수 있도록 만들었습니다.

게다가 미국 최대 통신사인 AT&T의 5G 네트워크와 마이크로소프트의 Azure 클라우드를 기반으로 언제 어디서든 컴퓨팅이 가능한 유비쿼터스 컴퓨팅 환경을 준비 중입니다. 또한 한국의 SK, 삼성, LG, 현대 등 국내 대기업들과도 글로벌 협력 관계를 구축하며 미래의 삶과 업무 방식을 개선할 새로운 서비스를 개발하고 있습니다.

물론 이와 같은 합종연횡의 전략적 파트너십은 비단 마이크로소프트 뿐 아니라 전세계 대부분의 기업들이 변화, 혁신, 성장을 위한 노력의 일환입니다. 그러나 과거 마이크로소프트의 내부 행태와 비교해 봤을 때 사티아 나델라가 아니었다면 과연 지금의 마이크로소프트는 시장에서 존재할 수 있었을까 상상해 봅니다. 혁신 경영과 기업가 정신이라는 관점에서 사티아의 개방성, 유연성, 확장성을 통한 마이크로소프트의 성장은 절대 쉽지 않은 일이었을 것입니다.

사티아는 마이크로소프트의 사명감을 "지구의 모든 인간이 소프트웨어를 통해 더 많은 활동을 하고 더 많은 성과를 낼 수 있도록 기여하는 것"이라고 정의하고, 자사의 제품이 단순 PC를 넘어 최대한 많은 디바이스에서 구동되어야 한다고 강조합니다.

전문가들은 수십억 명의 인구가 수백억 개의 디바이스를 이용할 것이라고 보고 있으며, 사티아는 여기에 자사의 제품이 깔려야 한다고 생각합니다. 그리고 이 전략이 제대로 실행되기 위해서는 클라우드 비즈니스가 활성화돼야 한다고 이야기합니다. 인터넷 트래픽이 급증하면서 기존 PC 서버로는 수많은 서비스들의 통제가 불가능해졌으며, 컴퓨터 자원의 표준화가 이뤄져야 유지보수 작업의 자동화가 병행될 수 있다고 판단한 것입니다. 마이크로소프트 제품이 수백억 개의 디바이스와 유기적이면서 효과적으로 연결되기 위해서 자체 클라우드 서비스를 갖추는 방향으로 회사의 방향성을 재정립한 것입니다. 나아가 이를 브랜드하고 서비스화 함으로써 전반적인 IT 생태계를 더욱 키워 나가고 있습니다.

사실 새롭게 시작하는 스타트업이 아닌 자신들의 리소스와 역량을 충분히 가지고 있는 기업들이 오히려 변화하고 혁신하기가 더 어려운 것 같습니다. 기존의 사업을 계속할지, 기존의 사업과 새로운 기회를 병행할지, 아니면 기존의 것을 버리고 새로운 기회에 집중할지, 방향이 정해졌을 때 내부 구성원들을 어떻게 설득하며 일을 추진할 수 있을지 등, 복잡하고 다양한 이슈들과 생각하지 못한 문제들이 눈 앞에 직면할 수 있습니다. 하지만 어떤 상황에서든 사티아와 같이 문제점들을 개선하며 보지 않는 미래를 설계하면서 세상을 움직일 수 있는 자가 진정한 기업가라고 생각합니다.

이런 관점에서 앞으로 스타트업을 이끌 리더라면 바로 코앞의 단기적 관점이 아닌 중장기 관점에서 기업문화를 어떻게 만들지에 대해 많이 고심해야 하겠습니다. 물론 여러 차례의 변화의 기회가 있겠지만, 첫 단추가 어떻게 끼워 지느냐에 따라 기존의 인력들과 새롭게 채용되는 사람들이 얼마나 민첩하게 협력할 수 있을지, 또는 구성원들이 그 곳에 계속 머물기를 희망할지 아니면 금방 떠날지가 결정될 수 있으며, 이에 따라 스타트업의 순항 여부도 판가름 날 수 있을 것이라 생각됩니다.

야 너도 대표될 수 있어

★

한국의 대표적 기업주도 벤처캐피털리스트를 만나다

우리나라에서 스타트업을 가장 활발히 지원하고 벤처기업의 성장을 돕고 있는 곳이 어디일까요? 많은 기업들이 있겠지만 그 중 한 곳이 GS홈쇼핑일 것입니다. 그래서 저자들은 독자들의 창업에 도움이 될만한 스타트업 투자의 멘토로서 GS홈쇼핑을 선정했습니다.

GS홈쇼핑은 2010년부터 총 46개 국, 600여 개의 스타트업에 직접 투자했을 뿐만 아니라, 국내외 벤처 펀드에 투자하였습니다. 2020년 9월 기준 투자액은 3,300억 원에 달합니다. 또한 CoE(Center of Excellency)팀을 별도로 구성해 벤처 투자에 전문성을 강화하고 있습니다. 사업개발, IT, 마케팅, UX 등 각 분야 전문가가 벤처기업과 함께 상주하며 업무지원과 판로개척에도 적극적인 도움을 주고 있습니다. 기업 주도형 벤처캐피털로서 핵심 사업과 시너지를 낼 수 있는 벤처기업에 투자하고 유기적인 결합 위해 우수한 벤처기업과 관계 강화를 염두에 두고 꾸준히 투자처를 물색하고 있습니다.

GS홈쇼핑에서는 스타트업과 함께 만들어가는 오픈이노베이션 에코시스템Open Innovation Ecosystem을 운영하고 있습니다.국내 1위 밀키트(반조리 간편식) 제조사인 프레시지와 함께 제품을 런칭하여 TV홈쇼핑에 판매하였고, 반려동물 스타트업인 펫프렌즈는 GS홈쇼핑으로부터 투자를 받으며 새벽배송 사업도 개시했습니다. 또한 펫시터와 미용, 도그워킹 등 반려동물 서비스 진출을 준비하고 있습니다. 쿠캣은 속칭 10~20대의 마켓컬리라 불리는 데, GS홈쇼핑과 콜라보하여 셀럽 먹방, 레시피, 맛집 소개 등 모바일 콘텐츠를 운영하고 있는 쿠캣이 SNS에서 마케팅을 펼치고, GS홈쇼핑이 TV홈쇼핑에서 판매해 시너지를 내고 있습니다. 에버콜라겐으로 유명한 건강기능식품업체 뉴트리 역시 GS홈쇼핑에서 판매를 도와 성장하고 있습니다.

GS홈쇼핑이 어떠한 방식으로 스타트업을 지원하고 윈-윈 할 수 있는 모델을 준비하는지, 그리고 스타트업을 시작하는 입장에

야 너도 대표될 수 있어

서 어떻게 하면 효과적으로 캐피탈리스트들의 지원을 받을 수 있을지 박영훈 부사장과의 대담을 통해 알아보도록 하겠습니다.

"사명은 GS홈쇼핑이지만 모바일커머스·이커머스 회사로 생각하고 있습니다. 더 이상 TV채널로만 비즈니스하는 회사가 아니란 의미죠. '오픈이노베이션 에코시스템(Open Innovation Ecosystem)'을 통한 포트폴리오 확장에 매진할 계획입니다."

GS홈쇼핑은 벤처기업에 혁신적인 기술과 아이디어를 실행할 수 있는 기반을 제공하고, 그 과정에서 파생된 결과물들을 국내외 사업에 접목하고 있다. 긴밀히 협업하고 자원을 공유해 벤처기업을 함께 키우고, 장기적으로는 시너지를 내는 것에 초점이 맞춰진 것이다. 즉, 단순 자금을 투자하는 게 아닌 기업주도 벤처캐피털(CVC, Corporate Venture Capital)이 주된 목표다. GS홈쇼핑은 벤처투자를 성장 전략의 핵심 수단으로 활용해 성장 전략의 마중물을 만들고 있다. 투자 벤처기업들 또한 도전적으로 회사를 같이 키워보자는 GS홈쇼핑 의지에 적극 공감하는 중이다.

_ 이코노믹리뷰, 2020.8.17

GS홈쇼핑 박영훈 부사장 인터뷰

Q. 스타트업 투자를 고려할 때, 가장 중요하게 생각하는 평가 기준은?

스타트업의 투자는 스테이지 별로 다릅니다. 그 중 얼리스테이
지^{early stage} 단계에서는 팀 구성이 제일 중요합니다. 팀 구성이 어떻게
되어 있고 탄탄한 지에 대해서 제일 먼저 살펴봅니다. 얼리스테이
지의 스타트업은 당연히 초기 아이디어가 중요하겠지만, 아이디어
보다는 팀이 더 중요합니다. 실제로는 팀이 깨져서 기업이 망가지
는 경우가 아주 많기 때문입니다. 그래서 투자하는 입장에서는 팀
과 팀 내의 역량과 의지가 있는지를 중요하게 생각합니다. 사실, 사
업모델은 진행하다 보면 바뀌는 경우가 대부분입니다. 만약 단단
한 팀이 구성되었다면, 비록 제품에서 약간 미비한 점이 있더라도

성장성이 보인다면 투자를 고려하게 됩니다.

Q. 얼리스테이지 단계에서 다노(다이어트노트)의 투자가 성공적이었다고 들었습니다. 당시 사례와 투자 포인트를 알고 싶습니다. [31]

창업자 둘이 파트너였는데 오랫동안 알던 사이였습니다. 한 명은 비즈니스 관리에 전문성이 있었고, 다른 한 명은 다이어트 경험에 전문성이 있었기에 이 팀은 잘 할 수 있을 거라 생각했습니다. 회사가 성장한 이후에 테크놀러지 분야와 인재 개발, 재무 등 하나씩 필요한 역량을 확보해 나갔습니다. 스타트업은 창업자 코어와 그룹이 중요합니다. 다노의 경우 아주 초기 버전의 앱만 있었지만, 가능성을 크게 볼 수 있었습니다.

Q. 스타트업이 성공하기 위해서는 무엇이 가장 중요할까요?

다음의 세 가지는 투자를 결정하는 요소이므로, 투자를 받고 싶다면 다음 사항들이 충족되어야 합니다.

① 수요와 성장이 충분한 시장인가?

시장이 너무 작거나 한때 반짝하는 것은 투자하기 어렵습니다.

---

31 다노: 다이어트와 관련한 정보와 제품, 사이버 트레이닝 서비스를 제공하는 스타트업. GS홈쇼핑 투자 이후 안정적으로 성장하고 있다.

② 고객이 원하는 것을 잘 파악해 낼 수 있는가?

큰 시장은 있어도 시장 내에서 이상한 비즈니스 역시 투자 대상에서 벗어납니다. 성장하는 시장 안에서 고객의 필요를 잘 파악하고, 그 문제를 해결해줘야 합니다. 그 방법이 기술이나 비즈니스 모델, 파트너쉽 등 다양하게 나타날 수 있습니다. 중요한 것은 문제를 해결하는 데 필요한 핵심역량이 필요한데, 이 역량이 있느냐가 핵심입니다. 대부분은 기술인 경우가 많고, 특허나 기발한 아이디어 일 수도 있습니다. 충분한 사이즈의 시장이 있고, 고객에 대한 정확한 이해와 이것을 충족시킬 수 있는 제품이 얼마나 완성도가 높은 지를 중요한 투자 포인트로 봅니다. 특허는 독창적인 아이디어를 지칭합니다. 바이오의 경우 연구 성과물로 시작하는 경우가 많기 때문에 보호받을 수 있는 특허가 역량이 될 수 있으며, 빅데이터나 AI의 경우 고유의 성능을 가진 엔진이 역량이 될 수 있습니다.

③ 기업가 정신(entrepreneurship)으로 무장된 조화로운 팀과 네트워크가 있는가?

'수요와 성장이 충분한 시장'이 존재하고 '고객이 원하는 것을 잘 파악해 낼 수 있는 역량'을 갖추고 있다 할지라도 팀의 구성이 느슨하다면 실패확률이 높아집니다. 팀을 도와줄 사람들이 주변에 있어야 합니다. 도와주는 사람이 VC일 수도 있고, 창업자들의 네트워크가 될 수도 있습니다. 스타트업이 만든 제품을 초기에 가져다 써줄 수 있어서 스타트업에 레퍼런스가 될 수 있는 비즈니스 파트너나 비즈니스 네트워크가 있는지를 주목합니다.

추가적으로는 비즈니스 모델에 경쟁자가 있다면, 경쟁자와의 차이는 무엇인지와, 고객은 왜 경쟁자가 아닌 당신을 선택해야하는 가에 대한 것들도 투자 고려의 핵심입니다.

Q. 창업자들의 흔히 하는 실수와 착각이 있는지요?

예를 들어, 기술력만을 기반으로 의기투합해서 팀을 만든 스타트업이 있다고 생각해봅시다. 이런 경우 기술에만 집중되어 있기에 기술로 다 해결할 수 있다고 생각하면서 문제가 발생합니다. 세상사 모든 것이 기술로 다 해결되는 것이 아니기 때문입니다. 기술만 훌륭하다고 다 성공하는 게 아니며, 반드시 고객에 대한 관점과 마케팅을 어떻게 할 것인지도 고려해야하는데, 한쪽으로 쏠리게 되면 기술에만 매몰되어서 '엉뚱하고 훌륭한 프로젝트'를 만들고 장렬히 사망하는 경우가 많습니다.

제품과 시장이 일치하는 '프로덕트 마켓 핏^{Product Market Fit}'이 필요합니다. 끊임없이 고객이 제품에 대해 어떻게 반응할지 고민해야합니다. 그런데 개발자들은 이런 점이 많이 약합니다. 반대로, 개발을 너무 쉽게 생각해서 아이디어는 좋고, 마케팅도 좋으나 외주개발로 비즈니스를 하는 경우도 마찬가지입니다. 본인이 원하는 성능이 안 나오는데도 불구하고, 개발자들은 "해달라는 대로 해줬는데 왜 그래?"라고 하며 충돌과 어려움이 발생합니다. 기업의 요구 사항과 개발자의 개발은 다르게 나오는 경우가 많기 때문입니다.

기술개발에 대한 충분한 이해가 없다면, 아무리 시장과 고객을 잘 알고 있어도 개발에서 발목을 잡힙니다. 경제적으로 이해가 될 만한 가성비 있는 제품이 나와야 비즈니스가 되는데 엉뚱한 제품이 나오거나, 제품으로 나와도 경제적이지 못해서 배보다 배꼽이 더 큰 제품이 나온다면 실패하게 됩니다.

시장의 이해와 자신들이 만들고자 하는 제품 간의 적합성(Fit)에 대한 양쪽에 대한 이해가 모두 있어야 합니다.

Q. 인재 영입은 어떻게 해야 할까요?

GS홈쇼핑의 경우, 투자한 기업에게 지금의 성장단계에서는 이런 솔루션이 필요하다고 조언을 해줍니다. 이는 각 단계마다 이루어 집니다. 인재의 경우 적절한 단계에서 '회사에 필요한 이런 사람'을 구해보라고 권하기도 하며, 필요할 때는 인재를 소개해 주기도 합니다.

최근에는 스타트업이 인기가 많습니다. 그래서 컨설팅 회사를 그만두고 스타트업으로 이직하는 젊은 친구들이 많습니다. 세상이 바뀌어서 대기업을 지향하던 예전과 다릅니다. 또한, 이런 인재들은 스톡옵션으로 돈을 버는 것도 많이 봤기 때문에, 당장의 월급도 중요하지만 회사가 성장해서 스톡옵션으로 돈을 벌 수 있는 기회가 있다는 것도 설득의 도구로 고려해야 합니다.

이것을 보상 패키지[32]라고 하는데, 현금 베이스, 보너스, 스톡옵션에 대해 많이 알고 조절해주기를 원합니다. 시장에서 귀한 포지션은 연봉도 높기 때문에 스톡옵션도 많이 보상해야 영입이 원활합니다. 이런 친구들은 주변 회사가 상장[IPO]하는 것을 보면서 한 재산 만드는 것을 보아왔기 때문입니다. 인재를 유치하고 장기 인센티브라고 할 수 있는 스톡옵션, 워런트[warrent] 같은 여러 가지 도구를 이용해서 유치뿐만 아니라 유지하는 데도 힘을 써야 합니다.

Q. 스타트업을 실리콘밸리에 설립하는 것은 어떨까요?

스타트업을 실리콘밸리에 설립한다는 것은 곧바로 글로벌 마켓으로 진출하겠다는 의미입니다. 그러나 국내 VC들은 제약조건

---

32 보상 패키지(compensation package): 성과급 제도, 일정의 보상제도로서, 기업이 개인에게 제공하고 개인이 다양한 직무를 수행하고자 약속한데 기초하여 지급합니다.

이 있어서 국내에서 펀드를 만들 때 비율과 조건이 따릅니다. 90% 는 국내에 투자하고 10%는 해외투자하는 것처럼 말입니다. 사실, 정부자금 펀드 중에도 한국계 해외진출 회사에 투자하는 카테고리 가 있지만, 그 범위가 좁습니다. 그러기에 해외에 본사를 두고 국내 에서 개발하는 회사들은 결국은 법인설립을 한 해외현지에서 투자 유치를 받아야 합니다. 한국계 기업이 실리콘밸리에 설립했다 할 지라도, 미국 유수의 VC에게 투자 받기가 한국에서 투자 받는 것에 비해 상대적으로 어렵습니다. 그래서 요즘은 미국의 와이콤비네이 터[33]나 500스타트업[34]에 아예 들어가서 인큐베이션과 엑셀레이션 과정을 이수 받은 후에 미국계 VC로부터 펀딩을 받아 직접 진출하 는 회사가 많이 나오고 있습니다. 이렇게 되려면 국내보다 훨씬 난 이도가 높은 과정들을 거쳐야 합니다.

첫 번째로는 영어의 소통이 원활해야 하며, 두 번째로는 글로 벌 마켓과 글로벌 고객에 대한 이해가 충분해야 하며, 세 번째로는 경쟁의 범위가 훨씬 크기때문에 사업 자금도 많이 투여됩니다.

그러나기술과 실력이 있다면 미국에서 투자받을 수도 있습니

---

33 Ycombinator: 세계 최대 창업사관학교라고 불리는 글로벌 액셀러레이터이며, 한국 기업에서는 미미박스나 홈클리닝 스타트업인 미소 등에서 투자 받았다. (www. ycombinator.com)

34 500Startups: 실리콘 밸리의 중심에서 액셀러레이터로 시작했으며, 설립자 프로 그램을 전 세계로 확장했다. (www.500.co)

야 너도 대표될 수 있어

다. 몰로코[35]라는 회사가 대표적인 성공 케이스입니다. 몰로코는 한국사람들이 만든 회사입니다. 구글과 페이스북 출신들이 실리콘밸리에 창업하고 글로벌 오퍼레이션을 하는데, 반 정도는 한국에서 비즈니스를 하기에 한국과 미국에서 투자를 모두 받을 수 있었습니다.

Q. 창업을 꿈꾸는 사람들에게 해주고 싶은 한 마디는?

"귀인을 만나라!" 어떻게 보면 막연한 것 같지만 이것이 수많은 스타트업의 성공과 실패를 보아 왔던 제가 손꼽아 드릴 수 있는 한마디입니다. 스타트업은 혼자서는 아무것도 못합니다. 창업자는 자기 자신이 가지고 있는 장점과 단점에서 나의 단점을 보완할 만한 소중한 파트너를 만나고 단단한 팀을 만들어야 합니다.

---

35 몰로코(MOLOCO): 모바일 광고 솔루션 기업으로 앱 다운로드 마케팅 전문이며, GS홈쇼핑에서 투자했다.

감사의 글

이 책이 나오기까지 응원과 격려를 아끼지 않으시고 많은 도움과 아이디어를 주신 윤여선 교수님, 박광우 교수님, 진병채 교수님, 김보원 교수님, 이창양 교수님. 이지환 교수님, 이병태 교수님, 박영훈 부사장님, 여현덕 교수님, 안병익 대표님, 최윤길 대표님 및 총동문회장님, 이현송 대표님, KAIST MBA 동문님들 모두 진심으로 감사드립니다.

참고도서
고모리 시게타카,〈후지필름, 혼의 경영〉, 한국 CEO 연구소, 2019
사티아 나델라, 〈히트리프레시 Hit Refresh〉, 흐름출판, 2018
에릭 리스, 〈린 스타트업 The Lean Startup〉, 인사이트, 2012

우리는 지금까지 '나의 사업'이라는 항해의 준비에 필요한 부분을
다뤘습니다. 어떻게 회사를 설립하고 비즈니스 모델을 탄탄하게
해야 하는지, 마케팅 사례와 전략적 접근 방법, 기업가 정신에 기반
한 리더십. 자금 조달과 관리 방안에 대해 말씀드렸습니다.

그러나 그 무엇보다 사업을 하면서 "사람에 대한 연민과 사랑
에서 출발해야 한다"는 페레가모의 말을 기억해 주시기 바랍니다.
'연민'이라는 단어는 '불쌍하고 가련하게 여김'이라는 뜻으로 언뜻
건방져 보일 수 있지만, 되새겨 보면 '마음 깊은 곳에서 아픔을 치
료해 주고 싶다'는 진정성도 느낄 수 있습니다. 사업의 환경은 늘
예상치 못하게 변화합니다. 경쟁은 더 심해질 것이고, 고객의 요구
는 다양해질 것입니다. 그러나 어떻게 환경이 변화하든 고객에 대
한 깊은 이해와 공감은, 리더십, 마케팅 전략과 비즈니스모델과 함
께 여러분의 중요한 사업적 의사결정의 판단 기준이 될 것입니다.

병아리가 부화하는 과정을 살펴보면, 한 줌의 껍질 안에서 약한 부리를 사정없이 껍질 향해 내던지게 됩니다. '톡톡톡' 소리를 듣고 어미닭이 밖에서 같이 쪼아주기 시작합니다.(啐啄同時) 만약 껍질 안에 있는 병아리가 껍질에 머리를 사정없이 던지는 노력을 중단했다면, 혹은 어미닭이 함께 쪼아주는 것을 중단했다면 생명이 탄생하는 위대한 순간은 없었을 것입니다. 스스로의 노력과 더불어 외부의 도움은 반드시 필요합니다.

마찬가지로 비즈니스도 혼자서 할 수 있는 부분은 없습니다. 혜안을 가진 멘토가 있어야 하고 믿을만한 구성원이 있어야 합니다. 긴 항해를 시작하는 대표님들, 설렘과 비전을 구성원과 공감하면서 사람과 고객에 대한 '연민'을 품고 순항하시기를 기원합니다.

창업에서 가장 어려운 점은 내가 무엇을 모르는 지를 모르는 것이라고 합니다. 이 책을 접하는 모든 분들이 모르는 것에 대해 인지함과 동시에 해답도 찾으시기를 바랍니다. 아울러 우리 사회에 절실한 '훌륭한 리더'를 향한 여러분의 꿈과 결심을 응원합니다.

2020년 12월 여의도에서, 저자일동

박석훈, 김승범, 주학림, 장보윤, 김성우

가짜세상 가짜뉴스

가짜뉴스와 FACT 조차 의심해야 하는 시대에 대한 명쾌한 통찰!

'가짜뉴스'와 '팩트 채크'가 난무하는 이 시대에 '진짜' 뉴스는 존재하는 것일까? 가짜뉴스에 대한 입체적 분석을 통해 그 해답의 실마리를 찾아 본다. 진짜와 가짜를 어떻게 구분할 거인가? 이 책은 저자의 탄탄한 이론과 실무경험을 바탕으로 가짜뉴스현상에 대한 통찰을 제시하며 언론의 보도관행, 권력기관, 대중 들의 관계를 깊이 있으면서도 흥미롭게 풀어나 간다.

"한마디로 유익하고, 재미있기까지 하다. 저자가 일선 현장에서의 실무 경험을 바탕으로 학문적 연구를 한 결과물이어서 균형감 있고 실감이 가 는 내용이다. 특히 미디어에 관련된 유명 외국 서적들과 그 내용을 요령 있게 소개함으로써 관련 지식을 손쉽게 습득하는 소득을 얻을 수 있다."
_ 김황식 전 국무총리, 삼성문화재단 이사장

정치 사회

추천도서.

한식대첩 서울대표, 김치 명인이 궁금해

김경미의 반가음식 이야기

〈여성조선〉 칼럼에 인기리에 연재된 반가음식 이야기 출시

김경미 선생이 공개하는 반가의 전통 레시피

하나. 균형잡힌 전통 다이어트 식단

둘. 아이에게 좋은 상차림

셋. 몸을 활성화시켜주는 상차림

넷. 제철 식단과 별미음식

전통음식 연구가이자 대통령상 수상 김치명인인 김경미 선생은 우리 전
통음식의 한 종류인 '반가음식'을 계승하고 우리 전통문화의 멋을 알리고
자 힘쓰고 있다. 대학과 민간연구소에서 전통음식 연구에 평생을 전념했
다. 김경미 선생은 국민훈장 목련장을 수상한 바 있는 반가음식의 대가이
신 故 강인희 교수의 제자이다.

[Instagram] banga_food_lab

요리 실용

삶의 쉼표가 필요할 때
낙타의 관절은 두 번 꺾인다
옷을 입었으나 갈 곳이 없다

꾸준히 사랑받는 행복우물의 여행에세이/에세이 시리즈.

베스트셀러 작가가 되어버렸다! 금감원 퇴사 후 428일간의 세계일주 -
꼬맹이여행자의 이야기를 담은 〈삶의 쉼표가 필요할 때〉, 암과 싸우며
세계를 누비고 온 '유쾌한' 에피 작가의 〈낙타의 관절은 두 번 꺾인다〉,
아름다운 문장으로 펜들의 마음을 사로잡은 이제 작가의 〈옷을 입었으나
갈 곳이 없다〉, 쉼표가 필요한 당신에게 필요한 잔잔한 울림들.

"손가락 사이로 미끄러지는 빛은 우리의 마음을 헤쳐 놓기에 충분했고,
하얗게 비치는 당신의 눈을 보며 나는, 얼룩같은 다짐을 했었다"
_ 이제, 〈옷을 입었으나 갈 곳이 없다〉

─────────────────────────────── 에세이 여행

행복우물출판사 주요 도서

● 경영 경제   자본의 방식 / 유기선

출판문화진흥원 중소출판사 우수도서 선정작 —

돈과 자본에 대한 통찰력있는 지식의 향연

KAIST 금융대학원장 추천도서, 2021 확고한 스테디셀러

어서와 주식투자는 처음이지 / 김태경 외

주식투자에 대한 재미있는 입문서 —

돈이 되는 가치투자를 알려주는

회계사와 증권전문가가 풀어내는 제대로된 투자 여행

● 출간 도서   청춘서간 / 이경교 ○ 한 권으로 백 권 읽기 / 다니엘 최 ○

흥부외과 의사는 고독한 예술가다 / 김웅수 ○ 겁없이 살아 본

미국 / 박민경 ○ 나는 조선의 처녀다 / 다니엘 최 ○ 하나님의

선물 – 성탄의 기쁨 / 김호식, 김창주 ○ 해외투자 전문가 따라하기

/ 황우성 외 ○ 꿈, 땀, 힘 / 박인규 ○ 바람과 술래잡기하는 아이들

/ 류현주 외 ○ 삶의 쉼표가 필요할 때 / 꼬맹이여행자 ○ 신의

속삭임 / 하용성 ○ 바디 밸런스 / 윤홍일 외 ○ 일은 삶이다 /

임영호 ○ 일본의 침략근성 / 이승만 ○ 뇌의 혁명 / 김일식 ○

벌거벗은 겨울나무 / 김애라 ○ 아날로그를 그리다 / 유림

행복우물 출판사는 재능있는 작가들의 원고투고를 기다립니다

(원고투고) contents@happypress.co.kr

야 너도 대표 될 수 있어   초판 1쇄 발행   2020년 12월 7일

지은이	박석훈, 김승범, 주학림, 장보윤, 김성우
펴낸이	최대석
편집	최연, 이선아
디자인	김수연, FC LABS
마케팅	신아영, 김영아

펴낸곳	행복우물
등록번호	제307-2007-14호
등록일	2006년 10월 27일
주소	경기도 가평군 가평읍 경반안로 115
전화	031)581-0491
팩스	031)581-0492
홈페이지	www.happypress.co.kr
이메일	contents@happypress.co.kr
ISBN	978-89-93525-88-5 03320
정가	15,300원

이 책의 국립중앙도서관 출판예정도서목록(CIP)은
서지정보유통시스템 홈페이지(http://seoji.nl.go.kr와
국가자료공동목록시스템(http://nl.go.kr/kolisnet)에서
이용하실 수 있습니다.